「見方・考え方」を鍛える小学校国語科の「思考スキル」

伊﨑 一夫 編著

東洋館出版社

まえがき

　次期学習指導要領改訂案（平成29年2月14日）では，討論や発表などを通した「主体的・対話的で深い学び」（AL）による授業改善が強く打ち出されました。改訂案のねらいは，覚えた知識がどんどん塗り替えられていく時代に，ただ知識をもっているだけでは通用しない，知識を使いこなし試行錯誤しながら課題を解決する力を養う必要があるということです。人工知能（AI）の進化で「今後20年程度で半数近くの仕事が自動化される可能性が高い」（オックスフォード大のマイケル・オズボーン准教授）と予測される時代ですから，「知識の暗記・再生」を基本とした従来型の学力から，社会の変化に対応できる思考力や判断力を重視した学力に質的転換を図る必要があるというわけです。

　従来の学習指導要領は各教科の内容の記述が中心でしたが，改訂案は教科の学習を通して「どのような資質・能力の育成を目指すのか」を前面に出し，目標も詳細に記述されました。学ぶ内容だけでなく「何ができるようになるか」を明確に求めています。「主体的・対話的で深い学び」の実現に向けた授業改善を求め，指導方法や評価の在り方にも細かく言及しています。

　学習指導要領の基本的な考えを示す「総則」では，「第1章総則」の前に「前文」を設けて，教育基本法が掲げる教育の目的と，五つの目標が記されています。これからの時代に求められる教育の実現のため，学校が社会と連携する「社会に開かれた教育課程」も掲げられています。「社会に開かれた教育課程」とは，「よりよい社会を創るという理念を学校と社会とが共有」することであり，どのように学び，どのような資質・能力を身に付けられるようにするのかを教育課程ではっきりさせて，社会と連携することと説明されています。

　さらに改訂案は，「何を教えるか」だけではなく「どう学ぶか」に視野を広げ，「どのように学ぶか」に言及しています。単なる知識の習得よりも，自分の頭でものを考える力を育てることに重点を置いています。改訂案の理念が具体化されれば，学校教育の質は大きく向上します。

　学校現場には多くのチャレンジが求められます。英語と道徳の教科化，カリキュラム・マネジメント……，守備範囲は広く，ともすれば混乱が生ずるかもしれません。しかし，こうした一連の教育改革の中核にしっかりと，揺らぐことなく位置付いている学力の実質が思考力です。いつの時代においても，どんな場面に遭遇しても，「よく考えること」「しっかり考え続けること」が大切です。小さな日常生活の行為からよりよい社会の在り方まで，そして自身の生き方についても，思考力はたえず総動員されます。だからこそ，思考力を高める「思考スキル」が必要になります。

　本書は，「思考スキル」を支える学習活動を具体的に提案します。本書のメインとなる第Ⅲ章です。「思考スキル」と「思考ツール」のレベルは異なりますが，ワークシートに

おける「思考スキル」と「思考ツール」の分析を厳密には行っていません。「総合的な学習の時間」などにおいてよく活用される「フィッシュボーン」に類似した「思考ツール」をワークシートとして取り入れている場合もあります。

　本書で取り上げた「思考スキル」の要素についての解説は，第Ⅱ章で行っています。本書で大切にしたのは，それぞれの実践プランが，子どもたちの「思考スキル」を鍛え，高めることに有効であるかどうかということです。「主体的・対話的で深い学び」の中核に位置付く「思考スキル」の育成に，本書が活用されますことを期待しております。

編著者　伊﨑　一夫

目　次

まえがき　　1

第Ⅰ章
新学習指導要領における「見方・考え方」と「思考スキル」

1　「主体的・対話的で深い学び」の実現と思考力 …………………………… 8
2　「主体的・対話的で深い学び」の鍵となる「見方・考え方」 …………… 8
3　「主体的・対話的で深い学び」の中核に位置付く「思考スキル」 ……… 9
4　「主体的・対話的で深い学び」を支える「思考スキル」の要素 ………… 10
5　対話的な学びの具体例〜鳥取県智頭小学校〜 ……………………………… 13
6　「思考スキル」を明確にする学習指導の具体化〜全国学力・学習状況調査〜 …… 16
7　「思考スキル」を育む学習指導の具体化〜「三田プラン」〜 …………… 19

第Ⅱ章
「思考スキル」の分類

思考力①　「比較」 ……………………………………………………………… 24
思考力②　「順序」 ……………………………………………………………… 26
思考力③　「理由」 ……………………………………………………………… 28
思考力④　「要約」 ……………………………………………………………… 30
思考力⑤　「定義」 ……………………………………………………………… 32
思考力⑥　「類別」 ……………………………………………………………… 34
思考力⑦　「課題解決」 ………………………………………………………… 36
思考力⑧　「推論」 ……………………………………………………………… 38
思考力⑨　「評価」 ……………………………………………………………… 40

第Ⅲ章
「思考スキル」を育む実践事例

比較　「比べる力」を身に付けるには？ ……………………………………… 44
　　　〜「いろいろなふね」（東書1年下）〜

「自分で選ぶ力」を身に付けるには？ ……… 48
～「スイミー」（学図2年，東書，光村1年）～

「違いを見つける力」を身に付けるには？ ……… 52
～「ふろしきは、どんな ぬの」（東書2年上）～

順序

「つながりを見つける力」を身に付けるには？① ……… 56
～「たんぽぽ」（東書2年上）～

「つながりを見つける力」を身に付けるには？② ……… 60
～「ニャーゴ」（東書2年下）～

理由

「根拠をはっきり言う力」を身に付けるには？ ……… 64
～「おとうとねずみチロ」（東書1年下）～

「疑問をもつ力」を身に付けるには？ ……… 68
～「ビーバーの大工事」（東書2年下）～

「質問する力」を身に付けるには？ ……… 72
～「たからものをしょうかいしよう」（東書2年上）～

「想像を広げる力」を身に付けるには？ ……… 76
～「お手紙」（東書，光村2年）～

要約

「問題解決のあらすじを書く」ためには？ ……… 80
～「はりねずみと金貨」（東書3年下）～

「要点をつかむ力」を身に付けるには？ ……… 84
～「自然のかくし絵」（東書3年上）～

「情報を読み取る力」を身に付けるには？ ……… 88
～「『ほけんだより』を読みくらべよう」（東書3年上）～

「テーマを読む力」を身に付けるには？ ……… 92
～「ごんぎつね」（学図，教出，三省，東書，光村4年）～

定義

知識を本物にするには？ ……… 96
～「『ゆめのロボット』を作る」（東書4年下）～

「置き換える力」を身に付けるには？ ……… 100
～「広告と説明書を読みくらべよう」（東書4年上）～

「聞く力」を身に付けるには？ ……… 104
～「インタビューをしてメモを取ろう」（東書3年上）～

「伝える力」を身に付けるには？ ……………………………………… 108
～「報告します、みんなの生活」（東書4年上）～

「一人一人の感じ方の違いに気付く力」を身に付けるには？ ……… 112
～「一つの花」（教出，東書，光村4年）～

[類別] 「つながりを見つける力」を身に付けるには？③ ……………………… 116
～「モチモチの木」（東書，光村3年）～

「情報を整理する力」を身に付けるには？ ………………………………… 120
～「心にのこったことを」（東書3年上）～

「分類する力」を身に付けるには？ ………………………………………… 124
～「心の動きを伝えよう」（東書4年上）～

「図で考える力」を身に付けるには？ ……………………………………… 128
～「目的や形式に合わせて書こう」（東書4年下）～

[課題解決] 「計画する力」を身に付けるには？ ……………………………………… 132
～「問題を解決するために話し合おう」（東書6年）～

「ゴールから考える力」を身に付けるには？ …………………………… 136
～「海のいのち」（東書6年）～

「推敲する力」を身に付けるには？ ………………………………………… 140
～「資料を生かして考えたことを書こう」（東書5年）～

「論文を書く力」を身に付けるには？ ……………………………………… 144
～「イースター島にはなぜ森林がないのか」（東書6年）～

[推論] 「仮説を立てる力」を身に付けるには？ …………………………………… 148
～「町の幸福論」（東書6年）～

「主張を読み取る力」を身に付けるには？ ………………………………… 152
～「新聞の投書を読み比べよう」（東書6年）～

「推理する力」を身に付けるには？ ………………………………………… 156
～「動物の体と気候」（東書5年）～

「新たな発想をする力」を身に付けるには？ …………………………… 160
～「句会を開こう」（東書6年）～

[評価] 「分析する力」を身に付けるには？ ……………………………………… 164
～「テレビとの付き合い方」（東書5年）～

「別の意味に気づく力」を身に付けるには？ ……………………… 168
～「注文の多い料理店」（東書5年）～

「自分と重ねる力」を身に付けるには？ ……………………… 172
～「プロフェッショナルたち」（東書6年）～

「観点を活用する力」を身に付けるには？ ……………………… 176
～「手塚治虫」（東書5年）～

「表現の効果を考える力」を身に付けるには？ ……………………… 180
～「大造じいさんとがん」（学図，教出，三省，東書5年）～

あとがき　　185

第Ⅰ章

新学習指導要領における「見方・考え方」と「思考スキル」

1 「主体的・対話的で深い学び」の実現と思考力

　次期学習指導要領改訂案（平成29年2月14日）は，学習内容を削減せずに新しい課題を盛り込む「スクラップなしのビルド」によって「量と質の両立」を求めています。授業改善の取組のマニュアル化，「主体的・対話的で深い学び」の画一化を避けることが肝要です。「アクティブ・ラーニング」には定まった型がなく，「とにかくグループで作業すればよい」といった誤解が生まれやすいものです。「多義な言葉で概念が共有されていない」として，「アクティブ・ラーニング」という用語を用いず「主体的・対話的で深い学び」と言い換えた文科省の警告には十分に留意しておきたいものです。

　「主体的・対話的で深い学び」の目的は，基本的な知識の習得を前提とした上で，課題の発見や解決を通じて思考力や表現力などを磨くことです。学習は自らが主体的に動いてアウトプットしなければ身に付きません。グループ討論やプレゼンテーション活動は重要な学習ですが，討論などの対話的な学びを活性化させるには教師のセンスや技術が要求されます。学びの場を調整し，主導するためには，機転の利いた対応力や，学びの緩みを引き締めるための指導力が必要です。形式をまねただけでは効果は出ません。「活動あって学びなし」は避けたいものです。学力向上に結び付く「主体的・対話的で深い学び」が求められているのです。

　「主体的・対話的で深い学び」は評価の仕方も難しくなります。積極的に発言しても質の低い内容の場合もあるし，黙っている生徒がじっくり思考していることもあります。思考の深さ，学習の質の高さが重要です。ワークシートやノートなど，書く活動を積極的に組み込むことによって評価は安定します。「よく考えている」「しっかり考えられた」といった思考の過程や結果は，書く活動を通して可視化されます。「主体的・対話的で深い学び」の本質は深く考えること，つまり思考力の育成にあります。

2 「主体的・対話的で深い学び」の鍵となる「見方・考え方」

　思考力に関して，「幼稚園，小学校，中学校，高等学校及び特別支援学校の学習指導要領等の改善及び必要な方策等について」（中教審答申，2016年12月21日）は，「言語活動の導入に伴う思考力等の育成に一定の成果は得られつつあるものの，全体としてはなお，各教科等において『教員が何を教えるか』という観点を中心に組み立てられており，そのことが，教科等の縦割りを越えた指導改善の工夫や，指導の目的を『何を知っているか』にとどまらず『何ができるようになるか』にまで発展させることを妨げている」（P20）と指摘しています。

　「主体的・対話的で深い学び」の三つの視点は，学びの過程として一体として実現されます。実践化の切り口として，「主体」や「対話」に重点が置かれたとしても，最終的には「深い学び」が実現されなくてはなりません。「活動あって学びなし」ではなく「活動

もあり学びもある」本質的な学びのためには,「主体的・対話的で深い学び」の視点が極めて重要となるのです。「主体的・対話的で深い学び」の鍵となるのは,各教科等の特質に応じた「見方・考え方」です。

「見方・考え方」はこれまでも用いられていた用語です。改訂案では,各教科等を学ぶ意義を明確化し,授業改善の取組を活性化するために改めて次のようにとらえ直しが行われました。

○学びの過程において資質・能力の三つの柱を培うために働く「『どのような視点で物事を捉え,どのような考え方で思考していくのか』という,物事を捉える視点や考え方」のこと。
○資質・能力の三つの柱を培う学びの過程を通じて,更に豊かで確かになっていくもの。
○各教科等の学習の中だけでなく,大人になって生活していくに当たっても重要な働きをする「教科等の教育と社会をつなぐもの」。

「見方・考え方」が「主体的・対話的で深い学び」を支え,物事をとらえる視点や考え方を強固なものとし,教科等の学びを社会につなぎます。「社会に開かれた教育課程」実現へのコンパス・羅針盤となります。習得・活用・探究を視野に入れた各教科固有の学習過程の中で,それまでに身に付けていた資質・能力が,「見方・考え方」によって存分に活用・発揮され,その結果,資質・能力が多様に関連付けられ,統合・構造化されていきます。「各教科等の特性に応じた『見方・考え方』」が,目標達成のために手段を考えたり,行動したりするときの具体的なよりどころとなるコンパス・羅針盤になるわけです。

3 「主体的・対話的で深い学び」の中核に位置付く「思考スキル」

各教科等の特質に応じた「見方・考え方」は,さらに焦点化・一般化されることによって,より汎用性を高めていき,使いこなすことができるようになります。具体化されたコンパス・羅針盤が「思考スキル」です。「主体的・対話的で深い学び」が,教科等の中核的な「見方・考え方」をつなぎながら多様な知識を問題解決に活用することを求めるとき,「思考スキル」は不可欠です。

「思考スキル」という用語は,今回はじめて中教審答申(2016年12月21日,P239)に記述されました。総合的な学習の時間における「教育課程の示し方の改善」についての節において,「『思考力・判断力・表現力等』に関して,探究のプロセスを通じて働く学習方法(思考スキル)に関する資質や能力を例示するなどの示し方の工夫を行う」とされました。改訂案は,「何ができるようになるか」という視点から,どのような思考力・判断力・表現力等が身に付くのかを具体的にすることを求めています。「主体的・対話的で深い学び」の実現に大きく関与する「思考スキル」は,学習過程を改善する重要な視点となります。

教科固有の学習過程では,比較,分類などの「思考スキル」によって,対象となる様々

な情報の把握や解釈が行われます。その結果，取り出した情報を関連付けたり，多面的に考えたり，複眼的に思考したりするなどの「思考スキル」が発揮され，整理・分析が可能になります。さらに，情報を統合したり，構造化したりなどする「思考スキル」が付加されることによって，新たな考えや活動が創り出されていくことになります。こうした一連の「思考スキル」の循環が「主体的・対話的で深い学び」です。「主体的・対話的で深い学び」を実現する学習過程のプロセスにおいて，比較する，分類する，関連付ける，多面的に考える，統合する，構造化するなどの「思考スキル」が繰り返し活用されることによって，個別の事実的知識は概念的で構造化された複合的・総合的な知識になります。一つ一つの技能もつながりあって連動したものになったり，身体と一体化したりして使い勝手のよい技能へとレベルアップします。

「思考スキル」は，思考力・判断力・表現力等の中核にあり，繰り返し使うことによって，どのような状況や場面でも使いこなせる汎用性の高いものとなります。こうした知識・技能の形成，思考力・判断力・表現力等の育成は，子どもたちが手応えを強く感じる学び，「主体的・対話的で深い学び」の成立において不可欠なのです。

4 「主体的・対話的で深い学び」を支える「思考スキル」の要素

「見方・考え方」の明確化，考えることの大切さ，思考力育成の重要性は繰り返し指摘されてきました。思考力の獲得は，これまで継続して大切にされている「言語活動の充実」によって保障されます。「思考スキル」もその考え方はすでに提出されています。

国語教育における論理的な思考力の低下を危惧する指摘や懸念は，学習活動が多様化し，各領域を横断的に取り扱う学習が増加する1900年後半から頻出していました。当時の時代背景の中で，これからの時代を生きるためには，「自立した人間として力強く生きていく総合的な力」（人間力）が必要とされ，論理的な思考力，説明力，対話討論力，コミュニケーションスキル，探求的意欲等の育成が喫緊の課題であると指摘されていました。現行学習指導要領（平成20年）が国語科に求めた，「言語力育成の中核を担う教科」として，「記録，報告，解説，推薦などの言語活動を充実すること」「話題や取材，交流などの指導事項を新たに定め，指導のプロセスをより明確化すること」「課題（話題・課題・読書課題等）を設定し学習計画を立てることから始まり，学習の過程を交流して振り返り，メタ認知すること」といった「言語活動の充実」につながる一連の内容は，思考力の強化を目指すものでした。

こうした文脈の中で，思考力の育成に関する学習指導の工夫改善は当然の流れとして位置付くことになり，思考力の要素に着目した説明文教材の指導に関する提案が数多く行われました。そこでは，論理的思考力の系統化がはかられ，発達段階を踏まえた思考力要素系統表と実践プランなどの試案も作成されています。「思考スキル」の獲得において，こうした成果に学ぶべき点は多くあります。

櫻本明美は,『説明的表現の授業―考えて書く力を育てる―』(1995年,明治図書)において「論理的思考力の全体構造(試案)」を示し,「比較」「順序」「類別」「理由づけ」「定義づけ」「推理」の6項目を思考力の要素としています。

これら6項目の思考力の要素は,小学校の指導段階に対応させることが可能です。つまり「比較」「順序」(小学校低学年→中学年→高学年),「類別」「理由づけ」(小学校中学年→高学年),「定義づけ」「推理」(小学校高学年)という発達段階に対応し,具体的な単元開発に結び付きます。思考力の要素については,6項目ではなく,10項目にすることも行われていました。「比較」「順序」「選択」「因果」(小学校低学年),「分類」「評価」「関係づけ」(小学校中学年),「分析」「推論」「構想」(小学校高学年)といった要素と指導系統の具体化が積極的に提案されました。

井上尚美は,『思考力育成への方略』(1998年,明治図書)において批判的に読むためのチェックリストを示しています。

---

a 語の用法は明確であるか
  1 重要な語は定義されているか
  2 用語の意味は一貫しているか
  3 早まった一般化をしていないか(その語の及ぶ範囲が限定されているか)
  4 比喩や類推は適切か
  5 語の感化的用法(色づけ)はないか
b 証拠となる資料・事例は十分に整っているか
  6 証拠となる資料や事例は十分か
  7 その事象を代表する典型例か
  8 隠された資料や証拠はないか
  9 反論の材料となるような,反対の立場からの資料や証拠は考えられないか
  10 不適切な資料や証拠はないか
c 論の進め方は正しいか
  11 根拠のない主張・結論はないか
  12 隠された仮定・前提(理由・原因・条件)はないか
  13 誤った(または悪用された)理由づけはないか

このリストについて井上は,「批判的な読み」というだけではなく,論証的な文章を書くときにも役に立つリストであるとしています。「読むこと」領域に加えて「書くこと」領域への広がりを想定している点において,汎用的な思考力である「思考スキル」を包括するものとなっています。

小田迪夫は,『二十一世紀に生きる説明文学習―情報を読み,活かす力を育む』(1996年,東京書籍)において,説明的文章が育てようとしている論理的な思考を表現に即して取り

出し，次のように項目化しています。

> （1）事象の時間的空間的順序性，秩序性をとらえる思考
> （2）対比的表現において差異性を見いだす思考
> （3）並立，列挙の表現において，共通性や類似性を見いだす思考
> （4）事象と事由の関係をとらえる思考
> （5）事象の推移や変化に発展性や法則性を見いだす思考
> （6）類化，分類によって差異性，共通性を見いだす思考
> （7）帰納的に個別のそれぞれから共通性を見いだす思考
> （8）演繹的に共通性をそれぞれの個別性に及ぼして認める思考
> （9）原因と結果，前提と帰結の関係をとらえる思考
> （10）物事の成り立つ条件をとらえる思考
> （11）類推によって物事を想定する思考
> （12）仮定推理によって蓋然的に判断する思考
> （13）仮説を立て，それを証明（論証，実証）する思考
> （14）物事の相関的な関係をとらえる思考

　小田の示した14項目は，説明的文章に限定される思考力ではなく，情報活用力として汎用性の高い思考力になっています。取り上げられている思考力は，「思考スキル」そのものです。小田は，これらの思考について，（1）～（4）は低学年から，（5）～（9）は中学年から，（10）～（14）が高学年においてより強く求められる学年であると指摘しています。思考力と相応する学年の構造的な指摘は，「主体的・対話的で深い学び」を支える「思考スキル」を段階的に高める実践プランの作成において有効な示唆となります。

　重要なことは，こうした思考力の要素が，説明文教材の学習指導の工夫改善として行われた段階から，「各教科に共通して援用可能なもの」「基礎・基本的な内容となるもの」「評価規準として設定できるもの」という段階へと移行していったことです。「知識・技能の習得と思考力・判断力・表現力等の育成」という国語科の目標に照らし合わせて変容していきます。

　「思考力・判断力・表現力」が，それぞれ「場面に応じた多様な情報を抽出し関連づけて考える力」「情報の関連づけかたに関する妥当性を判断する力」「思考・判断の結果に関する情報の表出とその交流によるより高度な情報を発信する力」であるとすれば，その内実はすべて論理的な思考力です。つまり思考力の育成は，説明文教材の取り扱いにとどまらず，「思考スキル」の強化として位置付き，「主体的・対話的で深い学び」へと結び付くことになります。

　また，このことは，PISA型読解力における思考力と記述力の向上を目指す「自分の考え」の一層の重視や「主体的・対話的で深い学び」を支える言語力・思考力の育成とも連

動します。例えば，現行の小学校国語教科書（東京書籍『新編新しい国語』27年度版）では，特に「論理的に思考，判断し表現する力」「情報を活用する力」「生活に即した多様な形式のテキストを読み解く力」の育成に重点をおく編集を行っています。国語教科書の思考力の育成，「思考スキル」の強化に重点をおく流れは，次の改訂教科書にも積極的に引き継がれ，さらに明確に示されることになります。

5 対話的な学びの具体例～鳥取県智頭小学校～

　汎用的な「思考スキル」は，「主体的・対話的で深い学び」にとって不可欠です。逆にいうと，「思考スキル」の強化が，「主体的・対話的で深い学び」を保障することになります。学習活動の場面として，グループや少人数の対話的な学習活動はよく行われます。「思考スキル」は，そうした対話的な学習活動の質を飛躍的に高めます。鳥取県の智頭小学校は，自分の思いや考えを書き，互いに意見を交流し合うことによって，学習を深めていきたいと考えています。対話的な学習活動の充実です。対話的な学習活動は，「根拠」「比較」「理由」「分類」「具体化」「抽象化」「共有化」「一般化」等の「思考スキル」によって支えられていることに言及しています。そのために，書く力を高めるためのノート指導と，交流方法としての「ペア・グループ学習」とを連動させた取組を行っています。

　智頭小学校では，「ペア・グループ学習」の前段階で書き込まれた個人の考えが交流後にどのように変化したのか，その変容を「友達の考え」として青ペンで書き込ませるようにしています。【資料1】の枠囲みの部分が青ペンで書かれた「友達の考え」です。

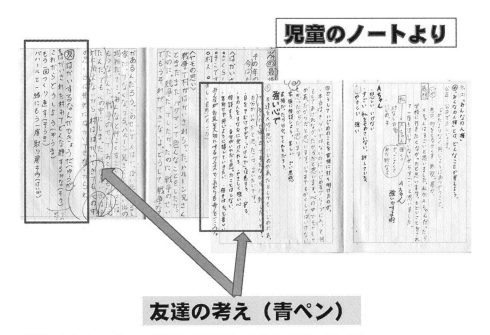

【資料1】「ペア・グループ学習」による個人の考えの変化（青ペン）

「ペア・グループ学習」は,「自分の考えを伝える場」「自分の考えを再構築する場」ですから,全員発表を保障します。そのために「ペア・グループ学習」について,【資料2-1, 2-2】のような学年に応じた学習手順を設定しています。「質問」「感想」「理由」「根拠」などの「思考スキル」を位置付けることによって,学習の深まりを保障し,互いの考えの共通点や相違点を浮き彫りにしていきます。

【資料2-1】ペア・グループ学習の進め方（低学年）　　【資料2-2】ペア・グループ学習の進め方（高学年）

「ペア・グループ学習」では,児童の考えを見取るために,【写真1】のような座席表シートが活用されます。グループ学習では,ホワイトボードが大活躍します。【写真2】は,「注文の多い料理店」（東書5年）におけるホワイトボードを用いたグループ発表の様子です。「物語のおもしろさのひみつを解き明かそう」を学習課題として,作品の魅力を「A紳士の解釈」「B山猫の書き方（思惑）」の二方向から吟味しています。

【写真3】の板書は授業の途中段階のものですが,6グループのホワイトボードをもとにさらに学習は深められていきます。

【写真1】座席表シートの活用　　【写真2】ホワイトボードを用いたグループ発表

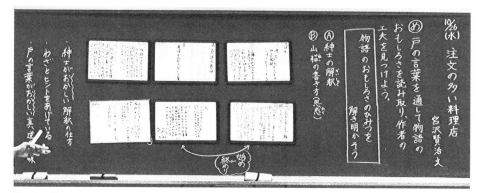

【写真3】ホワイトボードによる6グループ発表後の板書

　智頭小学校では、「ペア・グループ学習」が形式的になることを避けるために、ペア・グループ活動について【資料3】のような「伝え合う力系統表」を作成しています。ペア・グループ活動を支える「話す力」「聞く力」「考え・思いを書く力」を関係付けているところが特徴です。

　智頭小学校の「ペア・グループ学習」は単なる学習活動の一方策ではなく、「思考スキル」育成の重要なツールです。「自分の考え」の深化・拡充のためには、思考の深まりが不可欠です。智頭小学校は、新たな「自分の考え」を生み出すための学習活動の深まりを【資料4】のようにとらえており、そこでは多様な「思考スキル」が位置付けられており、学年に応じた学習手順と合致させています。「主体的・対話的で深い学び」は、「思考スキル」強化の取組と連動することによって実現されます。その内実を「ペア・グループ学習」が担っているのです。

伝え合う力系統表

	話す力	聞く力	ペア・グループ活動	考え・思いを書く力
低学年	○進んではなそう。 ○一ばんとおいせきの人にむいて、その人にとどくように話そう。 ○じゅんばんをかんがえながら話そう。	○話をさいごまで、だまって聞く。 ○話す人の方に体をむけて聞く。 ○だいじなことをおとさず聞く。 ○しつもんや いけん、かんそうをつたえよう。	○あいてを見ながら、ていねいなことばで話す。 ○うなずきながら聞く。 ペア中心	A：一人学び場面 B：練り上げ場面 C：ふり返り場面 A：じぶんのつたえたいこと B：友だちのいけんを聞く C：わかったことを書く
中学年	○聞く人の反応を見ながら話そう。 ○理由をあげながら、相手にわかりやすく話そう。	○反応しながら聞こう。 ○メモをとりながら聞こう。 ○話の中心に気をつけて聞こう。	○相手のはなしを受けて、自分の考えを付け加えて話す。 ○自分の考えとくらべながら聞く。 （同じところ、違うところ） ●話し合いの進め方に沿って司会ができる。	A：自分なりの理由づけをくわえて書く。 B：友だちのよいと思ったことを書く。 C：わかったことに理由づけをして書く。 （キーワード）
高学年	○場に応じた適切な言葉づかいで話そう。 ○意図が伝わるように構成を工夫して話そう。	○自分の考えと比べながら聞こう。 ○話し手の意図をとらえながら聞こう。 ○自分の考えをまとめよう。 ○どんな意見も大事にしよう。	○考えたことや意見をはっきりと話す。相手の反応に合わせて、言葉を付け加えて話す。 ○自分の考えをさらに深めたり、新たな考えに気づいたりしながら聞く。 ●一つの意見にまとめたり、関係付けながら、話し合いを進めることができる。 グループ	A：立場を明確にして書く。意見の理由や根拠をあげて書く。（納得してもらえるように、具体例や資料の活用） ？事実と意見を区別して B：友だちの意見を聞いた上で自分の意見を書く。 C：はじめの自分の意見と変わったことを理由をつけて書く。

【資料3】「伝え合う力系統表」―智頭小学校―

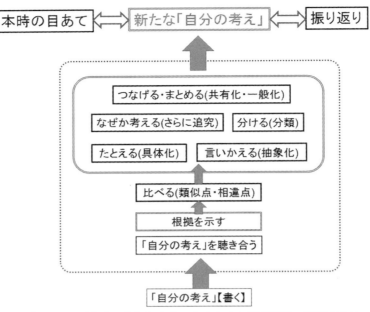

【資料4】新たな「自分の考え」を生み出すための学習過程―智頭小学校―

6 「思考スキル」を明確にする学習指導の具体化
～全国学力・学習状況調査～

「思考スキル」への着目は必然的な流れであり，改訂案・国語科においても「情報の扱い方に関する事項」（2 内容〔知識及び技能〕）が新設されました。そこに「思考スキル」の要素が取り上げられています。

〔第1学年及び第2学年〕
　共通，相違，事柄の順序など情報と情報との関係〔(2) ア〕
〔第3学年及び第4学年〕
　考えとそれを支える理由や事例，全体と中心など情報と情報との関係〔(2) ア〕，比較や分類の仕方〔(2) イ〕
〔第5学年及び第6学年〕
　思考に関わる語句〔(1) オ〕，原因と結果など情報と情報との関係〔(2) ア〕
　情報と情報との関係付けの仕方，図などによる語句と語句との関係の表し方〔(2) イ〕

「主体的・対話的で深い学び」は「思考力・判断力・表現力等」育成の要です。習得・活用・探究のプロセスを通じて働く「思考スキル」に関する資質や能力の明示によって「主体的・対話的で深い学び」は可能になります。

「思考スキル」は，全国学力・学習状況調査においてもB問題として積極的に位置付け

【正答率：48.6％】
課題…目的や意図に応じて、スピーチメモと友達の助言をもとに、
場に応じた適切な言葉遣いで話すこと

【資料5】「平成29年度 全国学力・学習状況調査 報告書・調査結果資料 P3-4」より（一部改）

られてきました。平成29年4月に実施された全国学力・学習状況調査の小学校国語B問題①【資料5】は，外国人に折り紙を紹介するスピーチを考えるという問題で，スピーチ練習を収めた動画を見て，グループで改善点を話し合うという場面が設定されています。目的や意図に応じ，自分が伝えたいことについて，的確に話すことができるかどうかをみる問題です。目的や意図に応じ，自分の考えや伝えたいことなどについて，的確に話すことは，国語科の学習のみならず，各教科等の学習や日常生活においても重要です。

小学校国語B問題①の設問三は，折り紙の魅力について，スピーチメモとグループの話し合いで出された意見をもとに書く設問です。友達の助言を受け，自分が一番伝えたいことが伝わるように，スピーチの内容を見直すことによって，目的や意図に応じて，自分の伝えたいことが伝わるように話の構成や内容を工夫し，場に応じた適切な言葉遣いで話すことが求められる問題ですが，正答率は，48.6％でした。「目的や意図に応じて，スピーチメモと友達の助言をもとに，場に応じた適切な言葉遣いで話すことに課題がある」と総括されています。

設問は，現行学習指導要領に示されている「資料を提示しながら説明や報告をしたり，それらを聞いて助言や提案をしたりすること」という言語活動例と関連する内容です。しかし，スピーチを考えるという設問場面は，「何ができるようになるか」への示唆，明確なメッセージになります。どのような目的で動画を見るのか，話し合いで出された助言を把握し，適切なものを選択した上でスピーチを修正することによって「主体的・対話的で深い学び」は実現されます。そこには，前述した「情報の扱い方に関する事項」の「情報と情報との関係付け」に対応する「思考スキル」が求められることになります。

また，小学校国語B問題②【資料6】では，植物で教室の日よけをする緑のカーテンを作るために，校内で協力を呼び掛ける文書が題材になっています。B問題②の設問三は，「水やりに協力してくれる人をぼ集します」の［　イ　］に入る内容を，中学生からの【アドバイス】をもとに書く設問です。水やりが大変な理由を説明した上で，多くの人の協力が必要だと訴える文章を30字以上，60字以内で書くことを求めています。卒業生のアドバイスから，必要な内容を整理して協力を依頼する文章を書くことになりますが，正答率は，33.26％でした。「目的や意図に応じ，中学生からの助言から必要な内容を整理して，協力を依頼する文章を書くことに課題がある」と総括されています。

立場や考えの異なる相手に対して，自分の考えを的確に伝えるためには，多様な情報を取捨選択し，筋道を立てて説明する能力を育成することが重要です。設問では，協力を依頼する文章の構成を考えること，読み手を説得するための引用の効果を考えること，目的や意図に応じ【アドバイス】の内容を生かして協力を依頼する文章を書くことを求めています。「思考スキル」は連続的に，しかも効果的に連動されることになります。

設問は，現行学習指導要領に示されている「自分の課題について調べ，意見を記述した文章や活動を報告した文章などを書いたり編集したりすること」という言語活動例と関連する内容です。しかし，目的や意図に応じて「文章全体の構成を考える」「引用して書く」

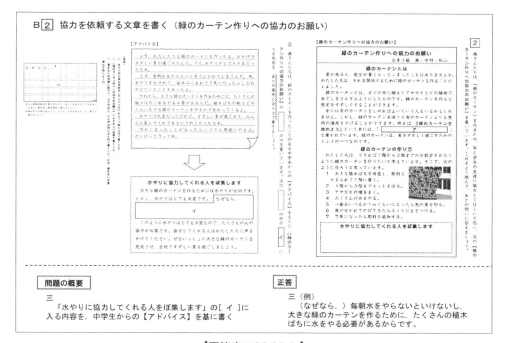

【正答率：33.26 %】
課題…目的や意図に応じ，中学生からの助言から必要な内容を整理して，
協力を依頼する文章を書くこと

【資料6】「平成29年度 全国学力・学習状況調査 報告書・調査結果資料 P6-7」より（一部改）

「必要な内容を整理して書く」ことは，前述した「情報の扱い方に関する事項」の「原因と結果」「情報と情報との関係付け」に対応します。複数の段落を関連付けたり，「なぜなら（理由）」が書かれている部分を見つけたり論理的思考は，「思考スキル」の重要な要素です。「思考スキル」の実質は「読解力」と「語彙力」に支えられています。B問題は「思考スキル」の要素である「原因と結果」「根拠」「比較」「情報の信頼性の吟味」などの重要性を意識した学習活動の工夫改善を求めていることになります。

7 「思考スキル」を育む学習指導の具体化～「三田プラン」～

「思考スキル」を獲得するため本書が提示する「三田プラン」では，言語活動で扱う思考要素と思考操作を明確にすることに加えて，その思考操作の方法を効果的に使う場を設定しています。現行27年度版の小学校国語科教科書教材と思考力の要素とを組み合わせています。汎用的なスキルである「思考スキル」の獲得は，領域に固有で豊富な具体的な学びに支えられて初めて可能になります。教科書教材の発展的な取り扱いとして立案された「三田プラン」は，論理的な思考力の獲得を目指し抽象化する思考，「思考スキル」を強化する学習指導の工夫となる実践的な提案です。

「三田プラン」の「思考スキル」の全体像は，【資料7】のようになっています。獲得さ

		分類	思考力	観点	教材
1・2年	1	比較	比べる力	観点ごとに比較する	『いろいろなふね』（1年）
	2	比較	自分で選ぶ力	一番好きな場面を選ぶ	『スイミー』（1年）
	3	比較	違いを見つける力	表現の違いを見つける	『ふろしきはどんなもの』（2年）
	4	順序	つながりを見つける力	時間に沿って整理する	『たんぽぽ』（2年）
	5	順序	つながりを見つける力	事柄に沿って整理する	『ニャーゴ』（2年）
	6	理由	根拠をはっきり言う力	理由を伝える	『おとうとねずみチロ』（1年）
	7	理由	疑問を持つ力	5W1Hで疑問を作る	『ビーバーの大工事』（2年）
	8	理由	質問する力	観点に沿って質問する	『たからものをしょうかいしよう』（2年）
	9	理由	想像を拡げる力	会話文を手がかりに想像する	『お手紙』（2年）
3・4年	1	要約	まとめる力	問題解決のあらすじを書く	『はりねずみと金貨』（3年）
	2	要約	要点をつかむ力	キーワードを見つける	『自然のかくし絵』（3年）
	3	要約	情報を読み取る力	表現から意図の違いを見つける	『「ほけんだより」を読みくらべよう』（3年）
	4	要約	テーマを読む力	書き手の意図を考える	『ごんぎつね』（4年）
	5	定義	知識を本物にする力	言葉の意味を確かめる	『「夢のロボット」を作る』（4年）
	6	定義	置き換える力	簡単な言葉にする	『広告と説明書を読みくらべよう』（4年）
	7	定義	聞く力	観点に沿って聞く	『インタビューをしてメモを取ろう』（3年）
	8	定義	伝える力	全体から細部へと説明する	『報告します、みんなの生活』（4年）
	9	定義	「感じ方」を高める力	自分の心にひびく表現を価値づける	『一つの花』（4年）
	10	類別	つながりを見つける力	行動の因果関係を考える	『モチモチの木』（3年）
	11	類別	情報を整理する力	伝えたい中心をはっきりさせる	『心にのこったことを』（3年）
	12	類別	分類する力	言葉を分類する	『心の動きを伝えよう』（4年）
	13	類別	図で考える力	図に対応した説明をする	『目的や形式に合わせて書こう』（4年）
5・6年	1	課題解決	計画する力	計画に沿って話し合う	『問題を解決するために話し合おう』（6年）
	2	課題解決	ゴールから考える力	結末から考える	『海のいのち』（6年）
	3	課題解決	推敲する力	評価を生かして改善する	『資料を生かして考えたことを書こう』（5年）
	4	課題解決	論文を書く力	主張から書く	『イースター島にはなぜ森林がないのか』（6年）
	5	推論	仮説を立てる力	「もし～なら」と考える	『町の幸福論』（6年）
	6	推論	解釈する力	主張を読み取る	『新聞の投書を読んで意見を書こう』（6年）
	7	推論	推理する力	要旨を読み取る	『動物の体と気候』（5年）
	8	推論	新たな発想をする力	表現の効果を考える	『句会を開こう』（6年）
	9	評価	分析する力	多面的に考える	『テレビとの付き合い方』（5年）
	10	評価	別の意味に気づく力	表と裏の意味を考える	『注文の多い料理店』（5年）
	11	評価	自分と重ねる力	生き方を学ぶ	『プロフェッショナルたち』（6年）
	12	評価	観点を活用する力	エピソード観点化する	『手塚治虫』（5年）
	13	評価	表現の効果を考える力	情景描写・行動描写の効果を考える	『大造じいさんとがん』（5年）

【資料7】「思考スキル」分類一覧表（「三田プラン」2017）

せたい「思考スキル」を，「比較」「順序」「理由」「要約」「定義」「類別」「課題解決」「推論」「評価」の七つの大項目によって〈分類〉し，それぞれの分類項目に，「比べる力」「つながりを見つける力」「テーマを読む力」「仮説を立てる力」「分析する力」等の「思考スキル」の要素を組み合わせています。「思考スキル」の要素にふさわしい学習活動の工夫改善の柱となる〈観点〉を明確にすることによって，効果的な教科書教材の抽出を行い，実践プランとしました。〈観点〉が「思考スキル」の内実と具体的な学習過程を繋ぐ役割を果たします。

それぞれの実践プランは，指導者への解説書となる部分と学習者が用いるワークシート部分によって構成されています。指導者への解説部分では，実際の学習過程をＱ＆Ａスタイルによって記述する工夫を行いました。「三田プラン」では「思考スキル」を，「要素を分けるプロセス（分類）」「因果を繋ぐプロセス（論理）」「使える情報に変換するプロセス（分析）」によって大別し，それぞれを小学校の指導段階に対応させています。汎用的

能力を育む具体的なステップを明確化し，学年の系統化を図っているところに特徴があります。

「主体的・対話的で深い学び」の実現は，習得・活用・探究のプロセスを通じて働く「思考スキル」に関する資質や能力の明示と学習活動の工夫改善に大きく依存します。「アクティブ・ラーニング」や対話的な学習活動のマニュアル化，画一化と同様に，本プランは「思考スキル」をツール化し，目的化するものではありません。汎用的な「思考スキル」の育成に寄与する国語学習の実現に向けて，本プランが役立つことを期待しています。

【引用・参考文献】
(1) 伊﨑一夫,「〈深い学び〉で思考力の育成を―「思考スキル」による思考力の強化―」，2017. 8,『教育フォーラム60 深い学びのために』，金子書房
(2) 伊﨑一夫,「対話的学びを取り入れた国語学習のために―ものの見方・認識の仕方の手ほどき―」，2017. 2,『教育フォーラム59 対話的な学び』，金子書房
(3) 伊﨑一夫,「『人間教育』に資する『これからのあるべき国語教室』の成立と展開（2）―「アクティブ・ラーニング」と思考力の強化―」，2016. 12,「人間教育学会研究紀要第3号」，奈良学園大学人間教育学部
(4) 伊﨑一夫,「主体的能動的な国語の学びのために―『アクティブ・ラーニング』と思考力の強化―」，2016. 8,『教育フォーラム58 主体的能動的な学習』，金子書房
(5) 伊﨑一夫,「国語科におけるアクティブ・ラーニングの可能性」，2015. 8,『教育フォーラム56 アクティブ・ラーニングとは何か』，金子書房
(6) 伊﨑一夫,「『人間教育』に資する『これからのあるべき国語教室』の成立と展開（1）―『これからのあるべき国語教室』を支える三つの要件―」，2014. 4,「人間教育学会研究紀要創刊号」，奈良学園大学人間教育学部
(7) 伊﨑一夫,「テキスト全体の構造的理解を促す文学教材の指導」，2014. 2,『教育フォーラム53 文学が育てる言葉の力 文学教材を用いた指導をどうするか』，金子書房
(8) 伊﨑一夫『国語授業へのアプローチ 知っておきたい国語教育の〈ことば〉』，日本教育綜合研究所，2012年
(9) 伊﨑一夫『学習指導案で授業が変わる！―学習指導案を読む・書く・使いこなす―』，日本標準，2011年

第Ⅱ章

「思考スキル」の分類

思考力①
「比較」

観点を明確にして「ちがい」と「共通点」を探る思考

「比較」という思考は，二つ以上の対象を「並べること」，または同時に視野に入れるところから始まります。並べられた複数の対象を特定の「観点」からとらえて「ちがい」や「共通点」を明らかにすることが「比較」という思考なのです。

比較には「量的な比較」と「質的な比較」があります。「量的な比較」は，対象の大きさなど「計ることのできる」観点に着目して数量で「ちがい」をとらえることです。これは，主に統計資料や算数の学習で中心になります。

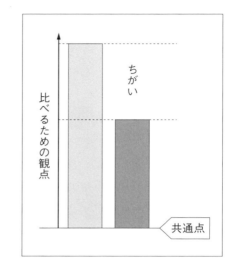

これに対し「質的な比較」は，目的に応じて多様な観点を生み出し，「ちがい」と「共通点」を探る思考です。例えば１年生の説明文「いろいろなふね」（東書下）では「役目」「役目を果たすための工夫」「使い方」という観点で船の事例を比較しています。子どもたちが「質的な比較」を使いこなせるようになることが国語科の重点になります。

「共通点」を探ることでより深い学びを

「比べること」は，子どもが物心ついた頃から行っていることです。したがって子どもたちが説明文を通して最初に出合う思考が「比較」です。

「比較」は，説明文だけでなく物語でも重要な役割を担います。例えば３年生の物語「モチモチの木」（東書下）を味わうためには，最初とクライマックスでの主人公「豆太」の姿を比較することが効果的です。主人公の「最初とは違うところ」「違ったわけ」を考えることで，登場人物の行動や気持ちなどについて叙述をもとにとらえることができるのです。

より深い学びを実現するためには「共通点」を見つけ出すことが重要です。例えば先にあげた１年生の説明文「いろいろなふね」では比較を通して「どの船の工夫や設備も目的に応じたものである」「安全に海上を進むための仕組はどの船も同じ」といった項目をつかむことが大切なのです。

ここがポイント

1 「ならべて・そろえる」ことが「比較」の第一歩

　二つの物の大きさを比べる場合は、ちゃんと並べて端をそろえます。同じように、国語科で「比較」をする場合も比較の対象を「ならべて・そろえる」ことが大切です。

　例えば「いろいろなふね」の導入について考えましょう。説明文に掲載されている写真を拡大して黒板に並べて提示すると、子どもたちから事例どうしを比較する「つぶやき」が聞こえてきます。これに対し、説明文を一読しただけでは「比較」する段階までたどりつかないことがあります。比べたい物を目に見えるように並べることが子どもたちの思考を引き起こすのです。

　「ならべて・そろえる」ために効果的なツールが「表」です。表にすることで「何をどのように比べるのか」が一目で分かります。ワークシートや板書、教室掲示など様々な場面で表を活用することが可能です。

2 「比較の観点」を子どもたち自身が見つけるために

　二つの物の大きさを正確に比べるには「ものさし」が必要です。国語科でこの「ものさし」にあたるのが「何に目をつけて比べるのか」です。これを「比較の観点」といいます。

　先に述べたように「いろいろなふね」の比較の観点は「役目」「役目を果たすための工夫」「使い方」です。こうした観点を教師が提示してしまうと、子どもたちの思考を活性化することは難しくなります。子どもたち自身が観点を見つけ出す力を国語科で身に付けさせたいものです。

　子どもたち自身が「比較の観点」を見つけ出すためにはどうすればいいのでしょうか。まず表の活用が考えられます。多くの場合、ワークシートや教科書の「手引き」に掲載されている表では、観点が示されていて「中身」を書くようになっています。あえて、子どもたちに考えさせたい観点を空欄にして、各自に書かせるようにしてはどうでしょうか。

　また「繰り返されている文型」を子どもたちに見つけさせることが有効です。例えば「いろいろなふね」では「〜ためのふねです」「〜をつんでいます」などが繰り返されている文型です。ここから「何のためのふねか？（役目）」「何をつんでいるか？（工夫）」などの観点を取り出すことができます。

○事例どうしを「ならべて・そろえる」→比較を目に見える形にする。
○観点を見つける場の設定→表を活用して文型へ着目させる。

思考力②
「順序」

「より前」「より後」という観点から事項を整理

　「順序」は、「より前」「より後」という観点から事項を整理してとらえる思考です。「順序」には「時間的順序」と「論理的順序」の二つがあります。

　「時間的順序」は、出来事が起こった順番に事項を整理することです。子どもたちはこうした思考を就学前から身に付けており、低学年の説明文にも多く取り扱われています。例えば2年生の説明文「たんぽぽ」（東書上）は、

〈花→実→わた毛→たね（芽）〉

と時間にそって展開しています。

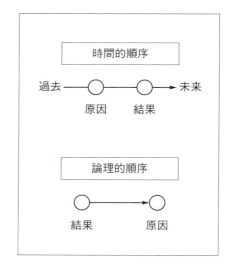

　一方、論理的順序は「説明の分かりやすさ」に着目して事項を整理する思考です。例えば、結果を先に述べてから、その原因を述べるような場合です。読者に興味を抱かせたり、原因について予想させたりするためにこうした述べ方をします。

　「時間的な順序」から始まって「論理的な順序」を活用できる段階にいたるのが、この思考を育てる筋道だといえます。

物語の「時間的順序」と「論理的順序」

　物語を読むためにも「時間的順序」と「論理的な順序」は重要な役割を果たします。通常、幼い子ども向けの物語は、時間の順にそって展開します。時間的順序にそって組み立てられた作品は読者の「この後はどうなるの？」という問いに答えながら展開されます。

　これに対し、中学年になると物語の展開の途中に、登場人物の回想が挿入されるような作品が教科書で取り扱われます。例えば4年生の物語「走れ」（東書上）では、運動会の朝の場面に続いて「去年の運動会」の回想が語られます。物語で活用される「論理的順序」は読者の「なぜそうなったの？」という興味に答えながら展開されていきます。こうした作品の指導では叙述の順序を時間軸にそって書き直すような活動が有効な場合があります。

ここがポイント

1 順序の指導は「年表形式」が基本

歴史の学習では「年表」が活用されます。同様に、国語でも下の図のように、出来事を「年表形式」で整理することで「時間的な順序」をすっきりとまとめることができます。

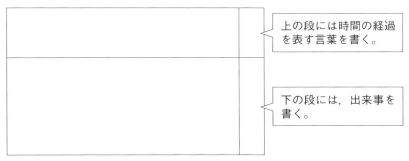

【図】年表形式でまとめる

例えば先に取り上げた「たんぽぽ」の場合「春の晴れた日に」「花がしぼむと」など時間の経過を表す言葉を抜き出し、年表形式でまとめると説明文の大体を一目でとらえることができます。この方法は高学年の説明文でも有効です。

2 「論理的な順序」をとらえるために

「論理的な順序」をとらえるために、よく実施される方策が「並べ替え」です。説明文の学習では、段落ごとの文章を書き抜いたカードを用意し、実際に並び替えてみるのです。こうすることで「説明のために最も効果的な順序は何か」を考える事ができます。

例えば2年生の説明文「たんぽぽ」(東書上)では、下のようにカードの並べ方を考えることで「論理的な順序」をとらえることができます。

ア．ねが生きていて、新しいはをつくり出すのです。

イ．たんぽぽはじょうぶな草です。

ウ．はがふまれたり、つみとられたりしても、また生えてきます。

「イ」のカードはたんぽぽのしょうかいだから一番前だよ。

「ア」のカードは「ウ」のカードの「わけ」になっているから「ウ」の次だよ。

- 「時間的順序」は年表形式でまとめるととらえやすい。
- 「論理的順序」は叙述をカード化して並べ替えるととらえやすい。

思考力③
「理由」

「本当に理由になっているか？」を常に問うことが大切

　自分の考えを話すにあたって、「理由」を明らかにすることはとても重要です。

　小学校では、低学年段階から「私は○○だと思います。わけは〜だからです」といった基本話形を指導することが広く行われています。これは理由を明らかにするためです。ただし、「わけは〜」という形式の発言が本当に理由を述べていない場合も多く見られます。

　大切なことは話形を教えることではなく、「本当に理由になっているか」を吟味する方法を教えることです。そのためには次の2点を指導することが必要です。

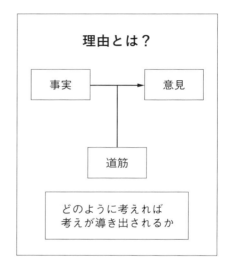

(1)「理由」は必ず「事実」にもとづいていること。
　ここでいう「事実」とは、経験した出来事、教科書の叙述、資料から読み取られたことを指します。
(2)「事実」と「意見」の間にある道筋がはっきりしていること。
　事実を述べただけでは「理由」としては、不十分です。事実をもとにして「どのように考えれば意見が導き出されるか」が説明されなければなりません。

叙述をもとに「理由」をとらえる

　国語科の読みの学習では、「理由」をとらえることが重要な学習項目となります。説明文では、筆者の「意見」についての「理由」は必ず述べられています。ここでは「意見がどのような事実に基づいているか」「事実から意見がどのように導き出されるのか」を明らかにすることが必要です。さらにこうした「理由」の述べ方を自分自身の表現に生かすことも目指されます。

　一方、物語では5年生の物語「大造じいさんとがん」（東書）の「何と思ったか、また、じゅうを下ろしてしまいました」という文のように、登場人物の行動の理由をあえて書かずに、読者の想像に委ねる場合があります。

ここがポイント

1 「事実」と意見を結ぶ「道筋」を明確にするために

　子どもたちが意見を考えるプロセスは下の図のように表すことができます。したがって「私は○○と思います。わけは～」といった話形に当てはめる以前に「予想」や「事実を探す」あるいは「推論で補う」段階を丁寧に支えていく必要があるのです。

【図】事実と意見を結ぶ道筋

２年生の説明文「ビーバーの大工事」（東書上）を例にあげましょう。

> 問い：「ビーバーはなぜみずうみのまん中にすを作るのだろう」
> 予想：「てきになるどうぶつがすに入らないようにするため」
> 事実：「上手におよいでいきます」「長さ450メートルも」（関連する叙述）
> 推論：「みずうみのはしの方に作ったら，大きいどうぶつは足がとどくのではないか」
> 　　　「まん中だとりくから一番たどりつきにくい」

　このように考えを練り上げていくことができます。「推論」の段階では，日常生活での体験などをもとに〈もし，すをはしの方に作ったら〉と考えさせたり，図を描かせたりすることが有効です。

2　過程を目に見える形にする

　「理由」を明確にするためには，ワークシートによって上の図の過程を目に見える形にすることが効果的です。また，子どもたちに分かりやすいように意見を作り出す過程を教室掲示として提示することも考えられます。

　支援にあたっては，個々の子どもがどの段階でつまずいているのかをとらえて働きかけます。例えば「事実探し」の段階でつまずいている子どもには，関連する言葉に線を引きながら本文を読み返すよう助言します。

> ○理由を考える過程は「問い」→「予想」→「事実探し」→「推論で補う」。
> ○ワークシート，教室掲示で過程を目に見える形にすると効果的。

思考力④

「要約」

「事実」を踏まえつつ「目的」と「相手」に応じて

　「要約」には「ただ一つの正解」はありません。要約とは「目的」と「相手」に応じて，「情報」を再構成する思考です。ただし「要約」は「文章に書かれていること」「実際の出来事」などの「事実」に即したものでなければなりません。「目的」によって事実をねじ曲げるとそれは「嘘」になってしまいます。

　上の図のように「要約」について，国語科で指導すべきことは三つあります。まず，「目的」と事実に即して情報を取り出し，必要なことを「選択」することです。次に「目的」と「相手」に応じて，取り出した情報を組み立て直して

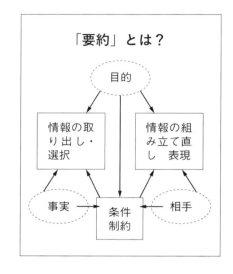

「表現」することです。また「どれくらいの分量で述べるのか」などの「条件・制約」を意識することも重要な指導事項です。「条件・制約」を意識することは「目的」「事実」「相手」に即して「情報の取り出し方」「表現の在り方」を吟味することに直結します。

説明文の中に含まれる「要約」を読み取るには

　説明文では多くの場合，筆者自身が述べた事柄を最後（または冒頭）で「要約」しています。例えば4年生の説明文「ヤドカリとイソギンチャク」（東書上）の最後は「ヤドカリとイソギンチャクは，たがいに助け合って生きているのです」と全体を要約しています。この場合，「相手」として「すでに説明文を読み終えた読者」が想定されています。そのため，細かい情報を省略し，「たがいに助け合って生きている」ことを簡潔に述べています。「共生について述べる」という「目的」に即して「たがいに助け合って」という「事実」が取り出されています。

　「どのような目的で」「どのような相手を想定して」「どのような表現がされているか」を考えると，説明文の中に含まれる「要約」を読み取ることができます。さらに「事実」「目的」「相手」という3項目をふまえて「要約」することを自分自身の学びに生かすことができるのです。

ここがポイント

1 「事実・目的・相手」に即した「めあて」と「振り返り」を

　指導のポイントは「学習のめあて」を設定する段階で「何のために」「誰に」「何にもとづいて」要約するのかを「めあて」の段階で明らかにするとともに，学習の節目において「めあてが達成できているか」の「振り返り」を行うことです。

　説明文「ヤドカリとイソギンチャク」の学習の場合は次のようになります。

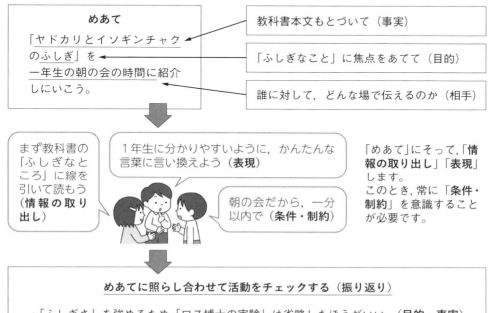

2 操作活動を取り入れることで

　「情報の取り出し」から「表現」までの過程を目に見える形にするためには「情報カード」の活用が有効です。めあてに関連する情報を「カード」にして取り出し，それを並べることで「表現」の構想を練ります。カード操作の過程を子どもどうしで見合うことで「条件・制約」を意識させることもできます。

○要約の指導では「目的・事実・相手」を常に意識させる。

思考力⑤

「定義」

他の事物と区別できる「際だった特徴」に着目する

説明にあたって自分の述べようとする「もの・こと」の意味を明らかにすることを「定義」と言います。

定義は「述べたい『もの・こと』を含む大きな概念」と「他から区別される際だった特徴」を述べることで成立します。例えば，平行四辺形は「二組の平行な線をもつ四角形」と定義されます。この場合「四角形」が「大きな概念」に，「二組の平行な線」が「際だった特徴」にあたります。

「定義」とは？

ただし，身近な事物を「際だった特徴」によって定義することは難しいです。例えば「鳥」の特徴は「空を飛ぶこと」ですが，ペンギンのように飛ばない鳥がいます。したがって，実際は「定義」実物を指し示すことや実例をあげることと組み合わせることが多いのです。

キーワードの「定義」をとらえる

3年生の説明文「自然のかくし絵」（東書上）では「ほご色」というキーワードが次のように定義されています。

> 身をかくすのに役立つ色のことをほご色といいます。

「身をかくすのに役立つ」ことが「際だった特徴」で，「大きな概念」が「色」です。定義に先立って「見分けにくい色」「見分けにくい体の色」が強調されています。この定義によって「ほご色」とは，特定の色を指すのではなく，一定の役割を担う色のことであり，生き物や状況によって様々な色があることが分かります。したがって「どんな状況で，どの色が保護色か」をとらえることが重要になります。これは「身をかくすのに役立つ」という特徴をこれに続く事例から叙述に即して読み取ることです。

「定義」について指導するにあたっては「実物・実例との対応」「説明文において『際だった特徴』がどのように述べられているか」に着目します。

ここがポイント

1 「定義」から出発して「知識」を本物にする

　私たちが何かを述べるとき，中心となる「もの・こと」の意味を明確にすることが「定義」の働きです。ただし「定義」だけでは，述べたい事物についての概略を示したにすぎません。知識を本物にするためには，先に述べたように，事例に即して定義を具体化していく必要があります。

　先にあげた３年生の説明文「自然のかくし絵」では，定義から出発して次のように問うことが大切です。すなわち〈**ほご色は「どのこん虫にとって」「どんなときに」「どのように役だっているだろう。**〉と問うことです。この際，右の【資料】ように表を活用すると「定義」で述べられた「ほご色」の意味が具体化されます。

こん虫	ゴマダラチョウのよう虫
どんなときに	夏から秋にかけて、エノキの葉を食べ続けている時。
どのように役立っているか	体の色が、緑から黄色に変化するので、エノキの葉が黄色になっても見つからない。秋になり、葉が黄色くなっても、もし、緑のままだと鳥などに見つかり食べられてしまう。

【資料】表を活用して定義を具体化する

周りに合わせて体の色を変化させることも「ほご色」なんだ！

2 「定義」する力を表現に生かす

　説明文の学習を通して身に付けた「定義」の考え方は，子ども自身の表現に生かすことができます。

　友達どうしで伝え合う場合，資料などに書かれた言葉をやさしい言葉に置き換える必要がでてきます。こんなとき「〈際だった特徴〉に目を向けて言葉を言い換えよう」と助言することが効果的です。

　「定義」の考え方を使って，言葉の言い換えを行うためには，次のような「基本文型カード」を活用することもできます。

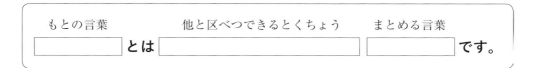

　例えば「〈天敵〉とは〈その生き物を食べるためにねらっている〉〈生き物〉です」と，「定義」の文型を使い，言葉を置き換えることができるのです。

○読みの学習では「定義」を事例に即して具体化する。
○「定義」の文型を使って，やさしい言葉に言い換えることができる。

思考力⑥
「類別」

〈区別すること〉と同時に〈つなぐ〉こと

「類別」とは，複数の対象を類似した特徴をもつ仲間に分けることです。「類別」という思考には二つの側面があります。一つは，いくつかの事物のまとまりを他の事物から〈区別すること〉です。もう一つは「まとまり」に含まれる事物と事物の間の〈つながり〉を見つけることです。

〈区別〉については「定義」の項目で詳しく述べたように「事物の際だった特徴」に着目します。

事物どうしの〈つながり〉を見つけるためには，いくつかの方法があります。まず，概念相

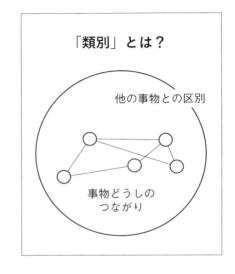

互の「含む・含まれる」関係に着目することです。例えば「犬」という概念は「動物」という概念に含まれ，「チワワ」「柴犬」等の概念を含みます。これは「もの」に着目した「類別」です。

事物相互の〈つながり〉を見つける二つ目の方法は「原因と結果」「全体と部分」「法則と事例」といった論理的関係に着目することです。これは，二つの「もの」の間に起きる「こと」に着目した「類別」といえるでしょう。

「もの」から「こと」へ

4年生の説明文「くらしの中の和と洋」（東書上）では，冒頭で「和食と洋食」「和服と洋服」など「もの」に着目して「類別」を行っています。一方，中盤以降では和室の特徴として「一つの部屋をいろいろな目的に使う」ことをあげるなど「振る舞い方」に着目した類別を行っています。「畳」「座布団」「布団」などの「もの」は，「和の振る舞い方」を具現化するための結果として位置付けられるのです。

「類別」の初歩は，具体的な「もの」どうしの仲間分け，つまり「含む－含まれる」関係に着目することから始まります。やがて「原因－結果」のように，「もの」どうしの間にある「こと」に着目して「類別」を行うようになるのです。「深い学び」を実現するためには，「もの」から「こと」へと目の付け所を変えていくことが重要です。

ここがポイント

1 「きまり」に着目して，「つながり」を探る

　「もの」から「こと」へと学びを深めることが説明文の学習の基本的な筋道だといえます。

　先にあげた4年生の説明文「くらしの中の和と洋」では，まず「和」「洋」それぞれの暮らしに関連する「もの（事例）」を取り出します。こうすることで説明文の大体をつかむのです（右【図】の①）。

　次に「和」「洋」それぞれの「振る舞い方」を読み取ります。これが「きまり」に着目する段階です。さらに「振る舞い方」に照らし合わせて，事例として取り上げられた「もの」がどのように使われるかを考えます（【図】の②③）。「抽象（こと）」と「具体（もの）」の間を往復することがポイントです。

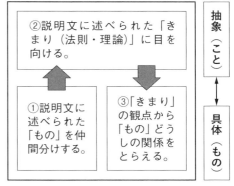

【図】具体と抽象の往復

2 図の活用で「つながり」を目に見える形にする

　「もの」と「もの」の間の「因果関係」などをとらえるためには，図の活用が効果的です。下の【資料】のような，図の描き方について機会を見て少しずつ習得しておき，子ども自身が使いこなせるようにしていくのです。図の習得にあたっては，子どもからノートのまとめの「工夫」として出されたものを周囲に紹介し，蓄積していくことが効果的です。

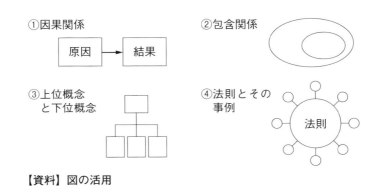

【資料】図の活用

> ○「もの」に着目した，区別としての類別
> 　「こと」に着目した，つながりを見つける類別
> 　この2種類がある。学習は「もの」から「こと」へ深まる。

思考力⑦
「課題解決」

子ども自身がPDCAサイクルを意識することで

　課題解決とは，子どもたちにとって「実現したいもの・こと」を具現化するための一連の思考です。この思考は次のように展開されます。

　まず，ゴールの設定です。これは実現したい「もの・こと」をあらかじめ具体的に描く段階です。ゴールは，探求するべき問いとして設定される場合もあれば，具体的な成果物として設定される場合もあります。

　次にPDCAサイクルによるゴールの具現化です。これはゴールの具現化に向けて，次のプロセスを行うことです。

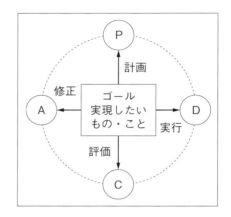

Plan（計画）→ Do（実行）→ Check（評価）→ Action（計画・方法の修正）

　このプロセスは，それぞれの段階の頭文字をとってPDCAサイクルと呼ばれます。

　最後はゴールの再設定の段階です。PDCAサイクルを何度か経た後，新たにゴールを設定し直し，次の活動に移っていくのです。

登場人物による「課題解決」の過程として物語を読む

　「課題解決」は，すべての言語活動に関連するものです。子ども自身が，ゴールを設定し，PDCAサイクルを意識して活動することは，国語科の最も重要な指導事項といっていいでしょう。

　「課題解決」思考は，文学を深く読み味わうためにも必要です。物語は，登場人物による「課題解決」のプロセスを描いたものとしてとらえることができるからです。例えば5年生の物語「大造じいさんとがん」（東書）では，主人公「大造じいさん」の課題はいうまでもなく「残雪をたおすこと」です。そのために彼は，次々とプランを立て，実行し，失敗してもその反省を生かし，新たなプランを立てます。こうした「たたかい」を経て「大造じいさん」の課題が「正々堂々たたかうこと」に変容していくところに，この物語の読み味わうべきポイントがあるといえるでしょう。

ここがポイント

1 子どもに「課題解決」のための〈地図〉をもたせる

　私たちが未知の土地を旅するときには地図が必要です。同様に「課題解決」においても「自分が，どこに向かい，今どこにいるのか」が分かる〈地図〉のようなものが必要です。これは，教室掲示として見える形にされる場合もありますし，ワークシートとして各自が持っていてもいいでしょう。

　下の【例】は5年生のレポートを書く活動を想定したものです。

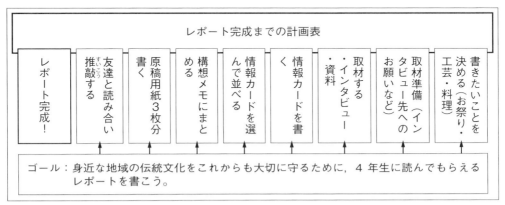

【例】5年生が「地域の伝統文化」についてレポートを書く活動の〈地図〉

　〈地図〉によって〈これまで〉と〈これから〉を容易にとらえることができます。これにより「課題解決」の思考も活性化されるのです。

2 「課題解決」のための〈ツールボックス〉をもたせる

　「課題解決」に向けて子どもたちが取り得る方法のレパートリーを見える形にすることも大切な支援です。レポートを書く活動であれば「写真を資料として添付する」「資料から引用した文を書く」など，これまでの学習で習得した「方法」を教室掲示として提示するのです。これは子どもたちに課題解決のための〈ツールボックス〉をもたせることだといえるでしょう。

○ PDCAサイクルを意識することが「課題解決」思考の中心になる。
○〈地図〉と〈ツールボックス〉の提示で「課題解決」を支援する。

思考力⑧
「推論」

「仮説」を立てて検証し，知識を拡張する思考

「推論」とは「確実にいえること」「すでに分かっていること」から出発して，一歩一歩自分の知識を広げていく思考です。推論を組み立てることや，吟味することは，国語科の重要な指導項目です。「推論」は「仮説」によって強化されます。

知識を拡張するにあたって重要な役割を果たすのが「仮説」です。「仮説」とは，「確からしい」知識のことです。特に「きまり」に関する「仮説」，すなわち法則や理論は重視されます。しかし，どれだけ「確からしい仮説」であっても，実際に見たり聞いたりしたことによって確かめられたり，修正されたりしなければなりません。「推論」の組み立て方が重要です。

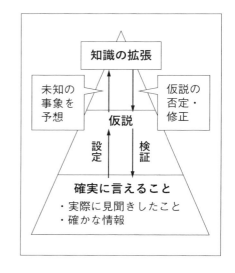

「推論」によって知識を拡張するプロセスは次のように描くことができます（上図参照）。「確実にいえること」や「信頼できる資料から得た情報」を手がかりに「仮説」を立てます。次に「実際に見聞きしたこと」「信頼できる情報」に照らし合わせて「仮説」を検証します。確かめられた「仮説」をもとに未知の事象を想定することで私たちの知識は拡張されるのです。

「推論」を活用して物語を解釈する

「推論」は，自然科学の探求はもちろん，文学の読みでも大きな役割を果たします。文学には読者の想像に委ねる表現が多く見られます。こうした表現を解釈する時「仮説」を立てて検証する思考が生きるのです。

6年生の「海の命」（東書）は主人公「太一」の漁師としての成長を描いた物語です。この物語の中に次のような叙述があります。

「太一は，そのたくましい背中に，母の悲しみさえも背負おうとしていたのである」

「母の悲しみを背負う」とは何を意味するのでしょうか。直接書かれてはいません。ただし，その直前に「おまえが，おとうの死んだ瀬にもぐると，いつ言いだすかと思うと～おそろしくて」という表現があるため，「悲しみを背負う」とは「おとうの死んだ瀬にもぐる」ことだと推測し「仮説」を立てることができます。この「仮説」を確かめるため，読者は物語を読み進めるのです。

ここがポイント

1 事実と事実の間の「すき間」や「ずれ」に目を向ける

「仮説」を立てるとき、ポイントになるのは、事実と事実の間の「すき間」や「ずれ」です。先にあげた物語「海の命」を例に述べます。

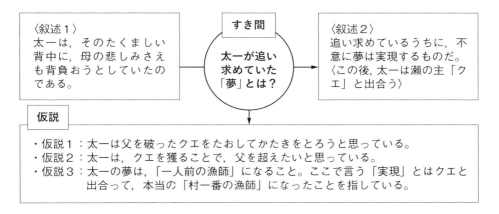

〈叙述2〉の「夢」とは何でしょうか？ 先に述べたように〈叙述1〉の段階で「父の死んだ瀬にもぐる」ことは暗示されているものの「太一」がどんな「夢」を「追い求めて」いたのかは、書かれていません。ここで「仮説」を立てて読むことが求められます。

事実と事実の「すき間」を発見するためには「気になった表現」をカード化して取り出し並べる方法が有効です。

2 「もし～なら」という考え方を使いこなす

「仮説」を確かめるためには「もしも～なら」と自分自身に問いかけることが大切です。上の仮説1〈父のかたきをとりたい〉について考えましょう。

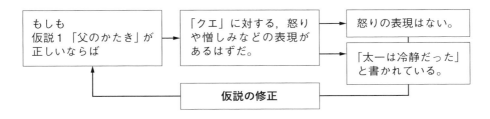

仮説と反する叙述があった場合は、推論の組み立てを変えることが必要になります。仮説の検証にあたっては、上の図のプロセスをワークシート化して提示すれば効果的です。

○事実と事実の「すき間」に着目して仮説を立て、「もし～ならば」と考えて検証する。

思考力⑨

「評価」

評価基準・意図・効果の３側面から活動をよりよくする

　「評価」とは自分自身の活動を見つめ，よりよくするための思考です。

　「評価」には三つの側面があります。第一は「評価規準」です。自分の活動を向上させるにあたっては，何らかの客観的な「ものさし」が必要です。したがって，教師だけでなく，子ども自身も「評価規準」をもって活動に取り組むことになります。

　第二の側面が自分自身の「意図」です。これは「伝えたいこと」「実現したいこと」のことです。活動は自らの「意図」を具現化するプロセスです。したがって，「評価」にあたっては「意図がどれだけ達成できたか」が重要な位置を占めることになります。

　第三の側面は「効果」です。これは「自分の活動が他者から見てどうであったか」を問うことです。

　「評価」とは「客観的な評価基準」「自分自身の意図」「他者から見た効果」の三側面を組み合わせて自身の活動を制御・改善する思考なのです。

筆者の述べ方を「評価」する

　「評価」は，主として自分自身の活動に向けられたものです。さらに，この思考は，説明文の「述べ方」「叙述の在り方」をとらえることにも活用できます。子どもたちは，説明文の「述べ方」を評価することで，自分自身の表現にも生かすことのできる知見を得ることができます。

　説明文の「評価」も，〈説明文から書き方のモデル（＝規準）を取り出すこと〉〈筆者の意図をとらえること〉〈表現の効果をとらえること〉の三つの側面から行います。例えば６年生の説明文「イースター島にはなぜ森林がないのか」（東書）では，「最初に問題を提示しそれを解決していく構成」「調査による事実をもとに主張を根拠づける述べ方」をモデル（規準）として取り出せます。また，筆者の「意図」としては「イースター島の事例を現代文明への継承としてとらえること」をとらえることができます。また「問いかけ」「データの提示」などの表現効果を考えることもできるのです。

ここがポイント

1　子ども自身が「評価規準」をもっていること

「評価」のために一番大切なことは，子ども自身が「評価規準」をもっていることです。これまでの学習をもとに習得された「読み方」「話し方・聞き方」「書き方」を一覧表として目に見える形にして，いつでも子どもが参照できるようにしておくことが効果的です。

また，文章の書き方のモデルや話し方のモデルを提示することも子ども自身に「評価規準」をもたせることになります。

こうした「評価規準」やモデルは，教師からの押しつけにならないよう，年間を通して，子どもたちとともに一歩ずつ，つくり上げていくことが大切です。

2　子ども自身の「意図」を明確にすること

「評価」のために，子どもが自身の「意図」を明確にすることが大切です。レポートなどを書く活動では，〈自分の伝えたいこと〉や〈主張したいこと〉を「構想メモ」に明記し，文章を書く時に常に目にするようにしていくことが効果的です。同様にスピーチメモにも，最も話したいことを位置付けるようにすることが大切です。

3　子どもどうしで「評価」し合う場を設定する

自分一人で自身の活動を見取ることには限界があります。どうしても互いに，書いたものやスピーチなどを見合って，「よくできているところ」や「改善した方がよいところ」を伝え合う場が必要になります。

子どもどうしで評価し合う場でも，評価規準やそれぞれの子どもの意図を目に見える形で提示することは重要です。子どもは，そうした資料を手がかりに「相手の活動のどこに目をつければ評価できるか」をとらえることができるのです。

友達の活動を評価するとき，簡潔に書く活動を取り入れると効果的です。例えば，ポストイットにコメントを書いて相手の作品に貼ったり，カードにアドバイスを書いて渡したりする活動です。評価される側の子から見れば，アドバイスが形になって残るため，後の段階で参照しやすくなります。また評価する側の子どもにとっても書くことによって自分の考えが整理されます。

> ○「評価」にあたっては「評価規準」「自身の意図」「他者からのコメント」を目に見える形で提示する。

第Ⅲ章

「思考スキル」を育む実践事例

比較

「比べる力」を身に付けるには？

～「いろいろなふね」（東書1年下）～

　物事を比較することによって文意を正しく把握し，理解を深めることができます。比較することで，それぞれの特徴を明らかにすることもできます。このように，比較する力は思考力の中核となる力です。
　比較するときに大切なことは，観点を定め，観点に沿って比べることです。
　本単元は，比べたことを整理し，そこからまた新たな発見をする力を育てる学習です。

思考スキルを支える学習活動

観点を明らかにして比べ，比べたことを整理しよう

単元計画
【1次】「いろいろなふね」を読み，見つけたことや考えたいことを話し合う。
【2次】それぞれの船について比べながら読み，ワークシートにまとめる。
　　　　船を比べて違いを話し合い，それぞれの船の役目や工夫を見つける。
　　　　　　　　　　　　　　　　　　　　　　　　　　　　→ P.47 参照
【3次】他の船について工夫や役目を調べる。観点ごとに整理し，「いろいろなふねずかん」にまとめる。

比べたことを整理するための手立て

①**何をどんな観点で比べるのか**を共通理解する。
②**観点に沿って情報を取り出し，整理**する。
③**観点ごとに情報を比べ**，見つけたことを話し合う。

単元の解説 Q&A

Q1 比べる観点を見つけるには，どのように発問すればよいですか？

〈違うこと〉を見つけさせるのが効果的です。

（教師）しょうぼうていときゃくせんでは，どんなちがいがありますか。

（子ども）しょうぼうていは，ふねの火じをけすふねだけど，きゃくせんは人をのせるふねです。

（教師）ふねによってできることがちがうのだね。これをふねの「やく目」といいます。

このように，子どもの発言に対して意味付けることで，子どもと観点を共有することができます。この説明文では論が進むにつれて特殊な船が出てきます。「きゃくせん」や「フェリーボート」と比べることで違いが際立ちます。

Q2 観点に沿って情報を整理するためにはどう指導すればよいですか？

観点に沿って文章を読み，必要な言葉，文を抜き出します。「いろいろなふね」では「やく目」「つくり」「できること」といった観点に沿って本文から情報を探すことになります。**抜き出したことを観点ごとに表組みにし，分かりやすく整理します。**

（→ P.47 参照）

Q3 なぜ観点ごとに比べて見つけたことを話し合うのですか？

それぞれの船の特徴や役割，機能について見つけたことを総合し，**比較して考えることで理解を深める**ことができます。

比べて整理したシートを見返し，見つけたことを話し合う中で，文章の最後にある「いろいろなふねが，それぞれのやく目にあうようにつくられています」の**文意をとらえる**ことができます。具体例からまとめの文章の意味を実感することが大切です。

第Ⅲ章 「思考スキル」を育む実践事例

学習のキーポイント

項目ごとに整理し，似ていることや違うことを見つける。

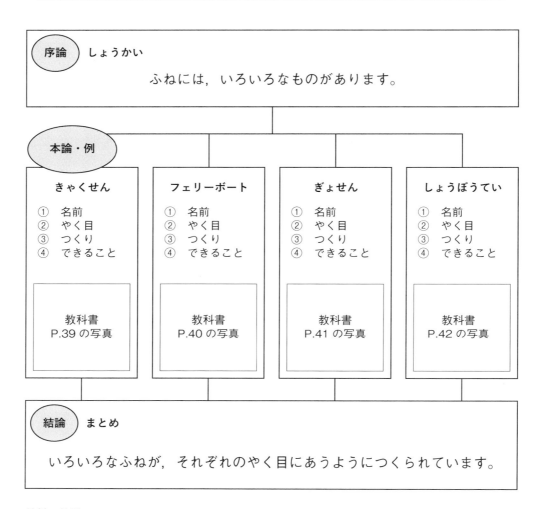

教材の特徴

　　比べるための項目が見つけやすい。
　　項目に沿ってそれぞれの船の特徴が見つけやすい。
　　説明文の基本的なスタイル（序論・本論・結論）の形で述べられている。

このワークシートがおすすめ！

くらべたこと　一目で見わたシート

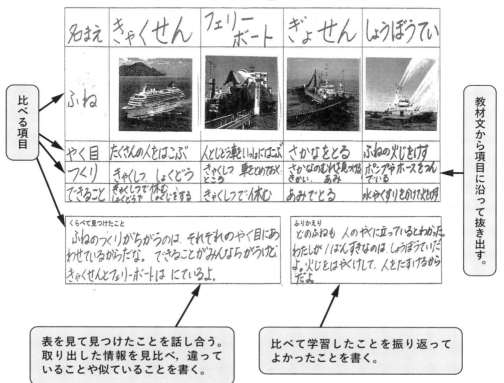

比較

「自分で選ぶ力」を身に付けるには？

～「スイミー」（学図2年，東書，光村1年）～

　さし絵を手がかりにしながら物語を読みます。それぞれの場面の出来事や人物の様子について絵を見て想像します。それぞれの場面から一番のお気に入りを選びます。お気に入りの理由が大切です。「**何となく好き**」ではなく，**好きなわけを明確にして表現できるように指導します**。お気に入りの場面が選べること，さらにそのわけを話したり書いたりできることを目指します。

　根拠を明確にして好きな場面を選ぶ力を育てる学習です。

💡 思考スキルを支える学習活動

さし絵を手がかりに，お気に入りの場面とそのわけを見つけよう

単元計画
【1次】本文を読み，さし絵を手がかりにしながら物語の大まかな流れをつかみ，学習のめあてを立てる。
【2次】さし絵を手がかりにしながら，場面ごとに場面の出来事や人物の様子を見つける。
【3次】お気に入りの場面を選び，わけをシートに書き込む。　→P.51参照
【4次】一番のお気に入りの場面とそのわけを友達と紹介し合い，学習のよさを振り返る。

お気に入りの場面を選ぶための手立て

①さし絵をもとに大まかに物語の流れをつかむ。
②さし絵を手がかりに場面分けをし，場面の様子を大まかにつかんで題を付ける。
③さし絵を手がかりにしながら，場面ごとに場面の出来事や人物の様子を見つける。
④一番のお気に入りの場面を選び，お気に入りのわけを書く。

単元の解説 Q&A

Q1 なぜさし絵を手がかりにするのですか？

　一年生の物語教材には、一つの場面に一つのさし絵が掲載されています。さし絵に着目して物語を読むことで大まかな物語の流れやそれぞれの場面での出来事をつかむことができます。**一年生の子どもたちに場面意識をもたせるためには、さし絵を手がかりに読ませることが効果的です。**

　「スイミー」でもさし絵を順に見ていくことで物語の流れをつかむことができます。さし絵を手がかりに場面の様子を想像することもできます。「だれよりも速く泳げるスイミー」「マグロに襲われたスイミーたち」など、さし絵を見て場面の様子を端的につかませましょう。さし絵を黒板に並べて掲示するだけで物語が見渡せます。

Q2 なぜお気に入りのわけを表現することを大切にするのですか？

　子どもたちに「その場面がお気に入りのわけは？」と聞くと、「何となく」「スイミーがかわいいから」などの曖昧な理由が返ってきます。**子どもたちの「何となく」を場面や人物の様子から想像した確かなものにすることが必要です。お気に入りのわけを考え、話し合う中で、子どもたちの読みが深まり、確かなものとなるようにします。**

　お気に入りのわけを話し合う中で、子どもたちの好きな場面が変わってくることがあります。例えば、はじめスイミーが仲間たちと暮らしている場面を選んでいた子も、理由を話し合う中で、スイミーの勇気や知恵のすばらしさを感じ、大きな魚を追い出す場面がお気に入りになることがあります。場面のよさを理由・根拠を挙げて比べ、どちらが自分にとって価値ある場面であるのかを自分で選ばせることが大切です。

Q3 お気に入りの場面を友達と紹介し合うことでどんな力が付きますか？

　友達のお気に入りの場面と自分のお気に入りの場面を比べる力が付きます。場面の違いだけでなく、お気に入りの理由についても比べさせることが大切です。お気に入りの場面を紹介し合うときに、なぜお気に入りなのかを根拠をもとに話させるようにします。「私は、スイミーが目になろうといったところが好きだから、この場面にしたけれど、○○さんは大きな魚を追い出したところが好きだからこの場面にしたのだな」というように、根拠、理由の違いについて聞く力を付けることが大切です。

学習のキーポイント

さし絵を手がかりにお気に入りの場面を選ぶ。

　「スイミー」は，場面の展開がはっきりした物語です。物語の流れをつかむために，さし絵を並べ，「どんな場面か」「人物は何をしているか」を考え，話し合います。さし絵を見比べて，一番お気に入りの場面を選ばせます。

| 物語の始まり | 教科書 P.111 のさし絵 | ①小さな赤い魚たちと楽しく暮らすスイミー。 |

| 物語の展開・事件 | 教科書 P.112・113 のさし絵 | ②大きなマグロに襲われ，一匹だけ逃げたスイミー。 |

③おもしろいのを見るたびに元気を取り戻すスイミー。

| 物語の変化 | 教科書 P.114・115 のさし絵 | 教科書 P.116・117 のさし絵 | ⇒ | 教科書 P.118・119 のさし絵 |

| 物語の結末 | 教科書 P.120・121 のさし絵 | ④みんなで大きな魚のふりをして，大きな魚を追い出した。目になったスイミー。 |

このワークシートがおすすめ！

さし絵から場面選びシート

※まず三つの場面を選びます。さらに一つの場面を選びます。

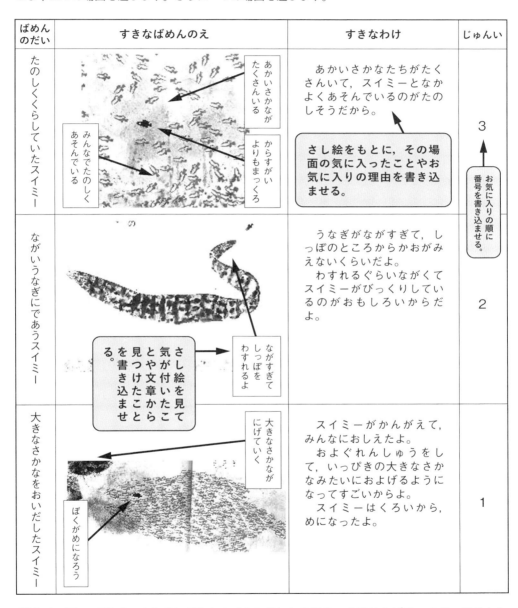

〔注〕本プランでは「いせえび」ではなく「うなぎ」との出会いを取り上げています。子どもたちの興味・関心に即して、絵本等を活用することもできます。

比較

「違いを見つける力」を身に付けるには？

～「ふろしきは、どんな ぬの」（東書2年上）～

違いを見つけるためには「**何に目をつけてくらべるのか**」が大切です。

この**目のつけどころ**を**観点**と言います。本単元では「文の数」を観点としています。観点をもとに「なぜ文の長い，短いがあるのか」を考えることで，伝えたい相手の状況や場面に応じていろいろな説明の仕方があることに気付くことができます。

違いを手がかりにして主体的に説明する力を身に付ける学習です。

思考スキルを支える学習活動

二つの説明を比べて，それぞれのよさを見つけよう

単元計画
【1次】「文の数」に着目してカードと文章を読み比べる。
【2次】カードと文章，それぞれの説明の仕方のよさを考える。→P55参照
【3次】文章をカードに書きまとめる学習を通じて，相手や場面に応じて表現を使い分けていくことを練習する。

「説明の仕方の違い」を読み取るための手立て

①カードと文章を整理して読み，**同じところや違うところ**を見つける。
②**それぞれの説明の仕方のよさ**を考える。
③文章をカードに書きまとめる学習を通じて，**相手や場面に応じた説明の仕方**があることを理解し，学びをより確かなものにする。

単元の解説 Q&A

Q1 比較のための観点をどのようにつくるとよいのですか？

カードと文章を整理し，同じところや違うところを子どもたちと考えます。

まず「カードに書かれていることは？」と問います。そうすることで，子どもから「いろいろな形や大きさのものを（**対象**）」「つつんではこぶ（**行為**）」「どこにでも持ち歩ける（**利点**）」「繰り返し使える（**再現性**）」といった意見を引き出すことができます。

次に「『カードに書かれていること』と『文章に書かれていること』で違うことは？」と問います。そうすることで，子どもから「文の数」という**比較に必要な観点を引き出す**ことができます。

最後に「このような違いがなぜあるのか？」と問うことで，相手や場面に応じた表現を用いていることに気付くことができるのです。

Q2 なぜ，ポイントをまとめたカードと説明文の違いを指導するのですか？

カードを見ると
・いろいろな形や大きさのものを包んで運べます。
・どこにでも持ち歩けます。
・繰り返し使えます。

という三つの利点が端的に読み手に伝わります。一方，文章ではそれぞれの情報がより分かりやすいよう，説明が追加されています。

説明するときに「相手の状況」「場の状況」を意識することは非常に重要です。カードと文章の効果の違いを学ぶことで，**表現の効果の違いを身に付けるとともに，相手や場面に応じた表現を考える力を身に付ける**ことになるのです。

ここでは，カードと文章の違いを明らかにするためにワークシートを用います。

（→ P.55 参照）

Q3 なぜ，それぞれの表現の違いとよさが分かって学習を終えないのですか？

それぞれのよさが考えられても学習は終わりません。さらに**実際に文章から，カードに構成しなおす学習**を行います。そうすることで子どもたちは，**自分の学びを振り返りながら再度学びに向かう**ことができます。この学習は，相手や場面まで考えて表現する力の第一歩となるのです。

学習のキーポイント

カードと文章を比較して，表現の効果の違いを明らかにする。

[本に のって いた 文しょう]

まほうの ぬの・「ふろしき」

　ふろしきは、日本で むかしから つかわれて いる、四角い ぬのです。

　ふろしきは、いろいろな 形や 大きさの ものを つつむ ことが できます。丸くて 大きな すいかも、はこぶ ことが できる こぶりの はこも、細ながい びんも、どれも うまく ぬのを あわせて、つつむ ことが できるからです。

　また、ふろしきは、どこにでも もちあるく ことが できます。小さく おりたたむ ことが できるからです。

　さらに、ふろしきは、くりかえし つかう ことが できます。スーパーマーケットの ふくろや 紙の ふくろと くらべると、やぶれにくいからです。

　このように、ふろしきは、とても べんりな ものです。ふろしきは、まるで まほうの ぬののようです。

風呂敷きの写真

[カードに 書かれて いた 文しょう]

べんりな ふろしき

○いろいろな 形や 大きさの ものを つつんで はこべます。
○どこにでも もちあるけます。
○くりかえし つかえます。

風呂敷きのイラスト

　くわしくよさが分かる

　一目でよさが分かる

本に載っている　　　　売り場に置かれている

カードの場合と書かれている内容は，同じ順番で配列されている。

「丸くて大きなスイカ」
「四角い箱」
「細長いビン」
と相手にイメージしやすいように書かれている。

必要なことのみを，端的に表している。

よさの中でイメージのもちにくい「つつんで運ぶ」（行為）のさし絵のみを入れて一目でよさが分かるように構成している。

このワークシートがおすすめ！

くらべ読みシート

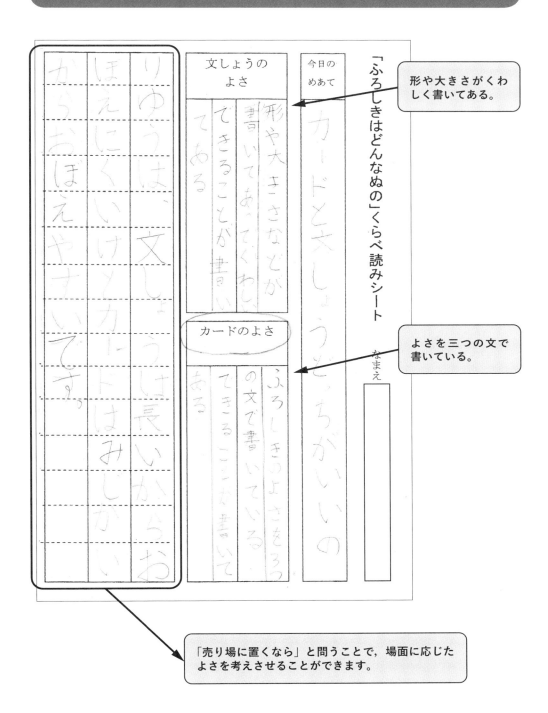

順序

「つながりを見つける力」を身に付けるには？①

～「たんぽぽ」（東書2年上）～

　文章を何となく読んでいたら，文章の意味を思い込みで解釈してしまうことになります。そこで大切になってくるのがつながりを見つける力です。本単元では，たんぽぽの花の開閉の様子，花→実→綿毛と変化する様子などを**時間の順序に沿って整理することで言葉同士のつながりを見つけます。**

　そうすることで，文章全体の内容をより正確につかむ学習ができます。

思考スキルを支える学習活動

「たんぽぽのひみつ」を読み取ろう

単元計画
【1次】たんぽぽについて知っていることを引き出しながら，知らない「ひみつ」の部分を読み取って図鑑にするめあてを立てる。
【2次】「たんぽぽのひみつ」を時間の順序に沿って整理する。　→P.59参照
【3次】たんぽぽの仕組みの理由を考え，「たんぽぽのひみつ図鑑」を完成させる。

「たんぽぽのひみつ」を時間の順序に沿って整理するための手立て

①「**はじめ**」「**中**」「**おわり**」**の構成を見つけ**，文章の大体をとらえる。
②「中」のうち「花の一日」の部分に着目し，**時間を表す言葉を探して**，たんぽぽの花の開閉の様子を読み取る。
③「中」のうち「仲間の増やし方」の部分に着目し，「花」の部分が**どう変化していっているかを探し**，実が熟すまでの茎との関係や，綿毛が飛んで行き芽を出すまでの様子の順序を読み取る。

単元の解説 Q&A

Q1 なぜ図鑑を作る活動をするのですか？

　単に「たんぽぽのひみつを調べよう」では，たんぽぽのことをどのくらい調べたらよいのかはっきりしません。せっかく教師が評価規準をもっていても，そこに到達しない子がでるかもしれません。しかし「図鑑」を作るという言語活動を設定すれば，**必然的に詳しく調べていかなくてはなりません**。「図鑑」は，自分の知らないことが詳しく書かれている本だからです。

　さらに「図鑑」は，イラストや写真がたくさん含まれています。ワークシートに自分でたんぽぽの絵を書き込めるようにすることで，**文と絵をつないで考える**学習にもなります。筆者と同じように，実物のたんぽぽの小さな花を一つ一つ並べてみて「図鑑」に貼っていくことで，**文と実物をつないで考える**ことにもなります。また，**筆者が実体験を織り込んで文を書いている効果**にも触れることができるでしょう。

Q2 たんぽぽの仕組みが仲間を増やすことにつながっていることに，どうすれば気付かせることができますか？

　「おわり」の部分にある「このようにして」という言葉に着目させましょう。指示語や接続詞に着目することで，文のつながりが見えてきます。「このように」という指示語が何を指しているのか考えさせることで，たんぽぽの仕組みそのものが，仲間を増やしていくためのものであることが見えてくるでしょう。

Q3 「時間の順序に沿って整理する」技は，どのような場面で活用できますか？

　２年生なら，生活科で野菜を育てたり，春見つけや夏見つけをしたりして観察カードを書きます。そのときに，「前は花だった所に，今は実が出てきている」や「春には○○が咲いていた場所に，夏は○○が咲いている」などのように**時間を表す言葉を意識して書かせる**ことができます。また，作文では「朝から友だちと……。夕方になって……」のように**時間を表す言葉を使って書いている子を褒めてよさを共有**し，技の活用を促すことができます。

　学習した一つ一つの技を短冊などにして掲示して貯めていくことで，子どもたちがいつでも自分で意識して使えるようになります。

第Ⅲ章　「思考スキル」を育む実践事例

学習のキーポイント

「たんぽぽのひみつ」を時間の順序に沿って整理する。

【たんぽぽの仲間の増やし方の場面】

花に、みが 一つずつ できるように なって います。
花が しぼむと、みが そだって いきます。みが じゅくすまで、花の くきは、ひくく たおれて います。
みが じゅくすと、くきは おき上がって、高く のびます。
晴れた 日に、くきの 上の わた毛に は、風が よく あたります。わた毛は、ふわふわした わた毛は、風に のって、高く ふきとばされます。かるくて ふ

遠くに 行く ことが できます。
わた毛が 土に おちると、わた毛に ついて いる たねが、やがて めを 出します。たんぽぽは、そこで 大きく なる ことでしょう。
このようにして、たんぽぽは、いろいろな ところに 生え、なかまを ふやして いくのです。

たんぽぽの花の部分がどう変わっていっているか見つける。

「花がどうなったら実になるのかな？」
「実がどうなったらわた毛になるのかな？」
などと問い，花の部分が変化するきっかけや茎との関係を考える。

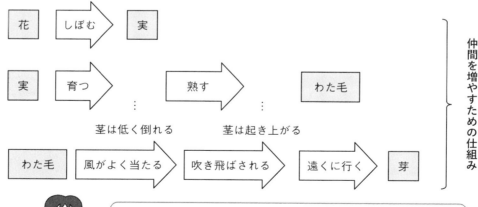

最後の段落の「このようにして」という言葉から，
この仕組みがたんぽぽの仲間を増やす方法であることが分かる。

このワークシートがおすすめ！

たんぽぽのひみつ調べカード

たんぽぽ⑤ み と くき のひみつカード

みのようす	くきのようす	絵
花 が しぼむ。		
↓		
じゅくす	ひくくたおれる	←
↓	↑	
そだつ	起き上がって高くなる	←

《くきがひくくなったりおき上がったりするのはなぜだろう?》
・ふまれるとこまるからひくくなる
・みがそだつときはだいじだから高くなって風によくあたるため
・わた毛になってよくとぶため

《たんぽぽの み と くき について分かったこと》
みは、だいじなたねになるから、ふまれないようにひくくなるくふうしていることが分かった。

たんぽぽ⑥ わた毛 と め のひみつカード

わた毛のようす	絵
晴れた日 に わた毛 がひらく。	
↓	
風によくあたる	
↓	
ふきとばされる	
↓	
遠くへとんでいく	
↓	
土 におちる。やがて、わた毛についている たね から め が出る。	

《晴れた日にわた毛がひらくのはなぜだろう?》
・風によくあたるため。
・雨がふったら、ぬれてとべないから。

《たんぽぽの わた毛 と め について分かったこと》
わた毛が晴れた日にひらいてくれるから、遠くに行くことができて、いろいろなところでめが出せると分かった。

たんぽぽの葉や根や花（2枚）についてもワークシートで学習し，図鑑は，毎授業のワークシートをまとめたものが作品となるようにする。

順序

「つながりを見つける力」を身に付けるには？②
～「ニャーゴ」（東書 2 年下）～

　「つながりを見つける力」とは，物語の出来事やエピソードを関連付ける力です。本単元では，**繰り返し出てくる登場人物の言葉に着目し，それぞれに込められた心情の変化を読み取っていきます**。そうすることで，子どもたちは必然的に場面と場面をつないで読み取っていくのです。単に情報を読み取るのではなく，情報と情報をつないで深く考える力を付ける学習です。

💡 思考スキルを支える学習活動

三つの「ニャーゴ」の違いを考えよう

単元計画
【1次】本文を読み，題名である「ニャーゴ」という言葉が 3 回出てくることを確かめ，学習のめあてを立てる。
【2次】それぞれの「ニャーゴ」に込められた気持ちを想像し，なぜねこの気持ちが変化したのかを考える。　　　　　　　　　→ P.63 参照
【3次】読み取ったことを生かして紙芝居をつくる。

三つの「ニャーゴ」のちがいを想像するための手立て

①それぞれの「ニャーゴ」に込められた気持ちを読み取るために，**手がかりとなる表現を見つける**。
②その**手がかりを根拠にして**，それぞれの「ニャーゴ」にどんな気持ちが込められているのか考える。
③三つの「ニャーゴ」に込められた**気持ちを比べて**，なぜそのようにねこの気持ちが変化したのか考える。

単元の解説 Q&A

Q1 なぜ三つの「ニャーゴ」の違いを考えるのですか？

つながりを見つけるためには，まずつながりそうな複数の情報を見つけることが必要です。本教材「ニャーゴ」では，中心人物である「ねこ」が３回「ニャーゴ」といいます。それぞれの「ニャーゴ」に込められた気持ちを想像することで，**物語の展開を順序よく読むことができます**。そして，**なぜ気持ちが変化したのかを考えることで，この物語の構造的なおもしろさである「ねことねずみのずれ」を読み取ることができる**のです。

もう一方の中心人物である「子ねずみ」は物語の冒頭で，先生の話を聞いていないために「ねこ」がこわい存在だということが分かっていません。だから，「ねこ」が一生懸命「食べてやるぞ」という気持ちで「ニャーゴ」と言っても，自分たちが食べられると思わないのです。

低学年の段階では，何と何をつないで考えるのかを，まず明確に子どもたちと確認する必要があります。

Q2 なぜ，紙芝居をつくるのですか？

紙芝居をつくるためには，子どもたちは必然的に物語を場面に分けなければなりません。「いつ」「どこで」「だれ」がもとになって場面はできます。

子どもたちは紙芝居をつくることを通して**場面を意識するようになり，場面と場面のつながりを考えるようになります**。つまり，紙芝居をつくることで「つながりを見つける力」が身に付くのです。

Q3 「つながりを見つける力」はどのように評価すればよいですか？

この実践例では，紙芝居を言語活動においています。考え深めた「ねこ」の気持ちを紙芝居で表現するということは，子どもたちが無理なく意欲的に取り組める言語活動だと言えるでしょう。しかし，音声言語は発した途端，消えてなくなります。

子どもたちが三つの「ニャーゴ」のつながりについて考えたことを，書いて残すことが大切です。 この実践例では，ワークシートを用います。　　　　　　　　　　　（P.63 参照）

学習のキーポイント

さし絵を使って三つの「ニャーゴ」の違いを整理する。

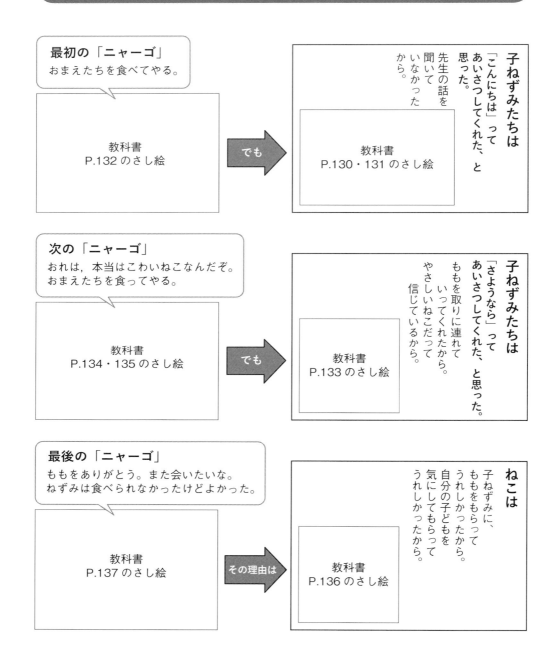

このワークシートがおすすめ！

「ニャーゴ」のちがい考えシート

最後の「ニャーゴ」	次の「ニャーゴ」	最初の「ニャーゴ」	
教科書 P.137のさし絵	教科書 P.134・135のさし絵	教科書 P.132のさし絵	三つの「ニャーゴ」のちがいを見つけよう
小さな声で読む。やさしい気持ちをこめて読む。	最初よりもっと強くこわい声で読む。ひっしになって読む。	こわい声で読む びっくりさせるように読む。	
大きなためいきを一つつきました。ももをだいじそうにかかえたまま、小さな声で	今日は、なんてついているんだ。ぴたっと止まってできるだけこわい顔で	あっというまに食べられてしまいますよ。ひげをぴんとさせた手をふり上げて	
ねこは子ねずみを食べられなくてざんねんな気持ちもあるけど、食べなくてよかったと思っているよ。もらったももがとってもうれしかったんだよ。	ねこは子ねずみをぜったいに食べようと思って、すっごくこわい声を出したよ。でも子ねずみはいっしょにももを食べて、やさしいねこだと思っているよ。	ねこは子ねずみを食べようとしてこわい声を出したけど、子ねずみたちは先生のお話を聞いていなかったから、「食べられる」と思わなかったよ。	

ワークシートの構成

①段目　さし絵の見出し
②段目　さし絵
③段目　ニャーゴをどのように読むのか
④段目　ニャーゴをどのように読むのかを考えた根拠となる表現
⑤段目　自分が考えたことを，自分の言葉で書く

理由

「根拠をはっきり言う力」を身に付けるには？

～「おとうとねずみチロ」（東書1年下）～

　低学年のうちに根拠をはっきりさせて意見を言う習慣を身に付けることは大切です。まずは根拠として意見とその理由を話せるようにします。
　理由を話す力を付けるためのポイントは，まず，根拠となる文や言葉を見つけさせ，さらに解釈を付け加えられるように促すことです。
　教材文から根拠となる理由を見つけることで文章を読み返すようになり，考えを深めることができる学習です。

💡 思考スキルを支える学習活動

理由を見つけて話そう

単元計画
【1次】「おとうとねずみチロ」を読み，見つけたことや考えたいことを話し合い，学習の見通しをもつ。
【2次】チロの様子や行動について取り出した言葉やさし絵から見つけたこと，その理由をワークシートにまとめ，話し合う。　→P.67参照
【3次】「おとうとねずみチロ」発表会で，自分の見つけたチロについてシートを見せながら発表する。よい話し方を振り返る。

理由を話せるようにするための計画を立てる手立て

根拠を見つけるために
・行動や様子・会話から関係する言葉を取り出す。
・さし絵から様子を探して言葉化する。

 解釈をつけて

「～だと思います。そのわけは，～だからです。」の形で話す。

単元の解説 Q&A

Q1 理由を話させる際に大切なことはどのようなことですか？

根拠となる言葉やさし絵をもとに，自分の解釈を理由として話させることが大切です。例えば，「チロは，しっぽがたれて悲しそうです。チロが悲しいわけは，お兄さんたちが『チロのはないよ』と言ったので，自分のことをおばあちゃんが忘れてしまったらどうしようと思ったからです。」

（考え_____　　根拠となる文・言葉・絵_____　　解釈～～～）

というように，**根拠を見つけ，さらに解釈して理由を話せる**ようにします。

「チロの気持ちが分かるところに線を引きながら読みましょう」というように，自分の考えの根拠となる部分を意識させながら読むことが有効です。

Q2 根拠となる言葉は，どのようにして見つけさせればよいですか？

子どもが考えを話したときに，「どこからそう思ったの」と問い，文章を読み返すことを促します。１年生では，見つけることが難しいときに，**さし絵を参考にさせる**ことが有効です。さし絵にのっている登場人物の表情や場面の様子を視覚的にとらえさせることで，その子の考えの根拠となる言葉を引き出していきます。　　　　　　　　（→ P.67 参照）

Q3 なぜ自分の解釈を話させるのですか？

根拠を見つけたら，その言葉・文・絵に対して自分がどう思うのかを書かせたり話させたりします。この**解釈する活動は，考えを明らかにしたり深めたりするときに重要**になります。

根拠を挙げるだけでは，理由を話したことになりません。「○○と書いてあるから○○と思う」と解釈を入れ込むことで，理由としての自分の考えを話せたことになるのです。

国語だけでなく様々な教材の中で，解釈する活動を取り入れていくと，言葉の力として子どもに定着します。

学習のキーポイント

さし絵を手がかりにチロの様子や変化を見つける。

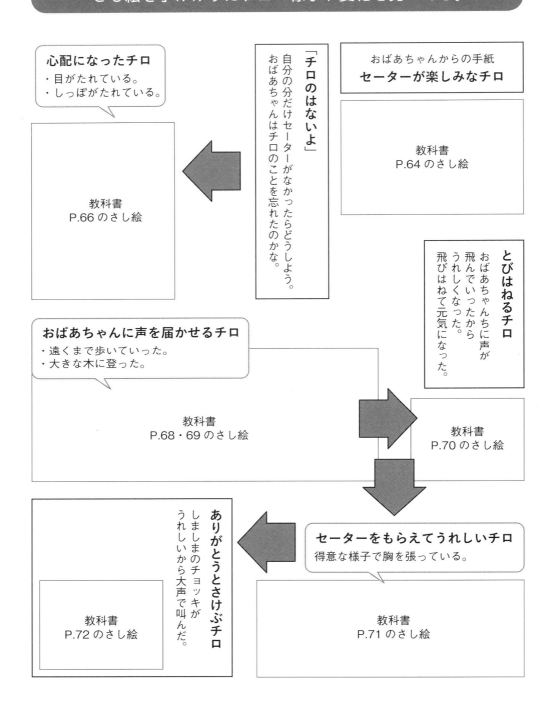

このワークシートがおすすめ！

三枚の絵で説明シート

- チロの様子の分かる場面を三つ選び，時系列に並べる
- チロの様子が分かる絵（根拠）
- 場面の題

場面：
1. 「ありがとう」とさけぶチロ
2. こえをとどけにいくチロ
3. しんぱいになったチロ

セーターがもらえてうれしくなったチロ

場面1の文：
「あ、り、が、と、う」
チロにチョッキがとどいてうれしいから、「ありがとう」をいったよ。しましまのチョッキがうれしかったよ。おばあちゃんにとどくように、大きな口でゆっくりいったよ。

場面2の文：
ぼくにもチョッキあんでね。
チロはおおきな木にのぼっておばあちゃんにとどくように大きな口でさけんだよ。大きなこえでいわないとおばあちゃんにとどかないからだよ。

場面3の文：
チロはしんぱいになっているよ。
チロのだけなかったらどうしようとおもっているよ。かなしいかおだよ。しっぽもたれているよ。
「そうだったらどうしよう」

- 根拠となる言葉・文
- 絵から分かること
- 見つけたこと
を自分の言葉で書く（解釈）

- チロの様子や気持ちが分かる言葉・文（根拠）

- 見つけたチロを短くまとめる（解釈）

第Ⅲ章 「思考スキル」を育む実践事例 67

> 理由

「疑問をもつ力」を身に付けるには？

～「ビーバーの大工事」（東書2年下）～

　筆者の伝えたいことを意識して説明的文章を読むためには「疑問をもって主体的に読む力」が重要です。本単元では，題名にある「大工事」について「なぜ大工事を行うのか」「どのように大工事を行うのか」など，5W1Hの疑問をもつことにより，理由を深める根拠を本文から探して読むことができます。
　疑問をもって自分の読みをつくるための基礎となる学習です。

💡 思考スキルを支える学習活動

「動物のひみつクイズ」の解説文をつくろう

単元計画
【1次】本文を読み，「大工事」につながる疑問や感想をもつ。
【2次】疑問を5W1Hに分け，疑問を答えやすいクイズの形にして読みを深める。　　　　　　　　　　　　　　　　　　　　　　→ P.71 参照
【3次】いろいろな動物の秘密をクイズの解説文として評価を行う。

「動物のひみつクイズ」の解説文を作るための手立て

①本文を読んで**疑問を見つける**。
②たくさんの疑問を似ているもので**仲間分けをする**。
③疑問に対して，その答えを考え，**答えの理由となる解説文を書く**。
④解説文を読み合い，**書き方のよさを見つける**。

単元の解説 Q&A

Q1 どんな疑問を学習の中心にするといいのですか？

　それぞれのクラスの実態に合わせて，本文を読んで子どもが考えた疑問を学習に位置付けることが，子どもの力を鍛えるうえで大切です。

　本教材を2学期の後半に行うことを考えると，**題名にあるキーワード「大工事」の意味をさぐる疑問を中心において学習する**ことを目指しましょう。大工事を行う意味は，ビーバーが外敵から身を守るうえで重要な理由となるからです。

　「なぜ，大工事といえるのか」という問いをもちながら本文を読み進めることで，ビーバーが工事をしている様子や，その意味を深く読み取ることができるでしょう。

Q2 なぜ，クイズの解説文を書く活動をするのですか？

　クイズの問題は疑問をもとにつくることができます。答えは本文から合う言葉や文章を見つけてつくるので，自分で何かを考えるところまでには至りません。だからクイズの答えを解説する文章を付け加える活動を入れることで，**答えをより深く理解するために文章を組み合わせる思考が生まれます**。低学年の子どもたちは，なるほどと思い，面白さを感じ取ることができれば，学習という意識ではなく遊びの感覚で情報を取り入れることができます。

　クイズの問いと答え部分は短く書くようにし，解説文のところに答えの理由となる情報を入れて書きます。**子どもの思考を解説文で見取ることができるので，評価しやすくなります**。

Q3 ビーバー以外の動物の秘密を解説文に書くよさは何ですか？

　一度した学習を他の内容で置き換えることで，解説文の書き方を習得することができるのが，最も大きなよさです。

　本単元でつけたい言葉の力は「答えの理由となる解説文を書くことができる」です。そのため，「ビーバーの大工事」で身に付けた**言葉の力は，他の動物で活用することで確実に定着する**と考えます。

　この学習は，答えと詳しい説明を分けることを学ぶので，周りの人との会話においても，情報を整理して伝える力につながるでしょう。

学習のキーポイント

答えと解説文を分けて書くことで，大まか，こまかを理解することができる。

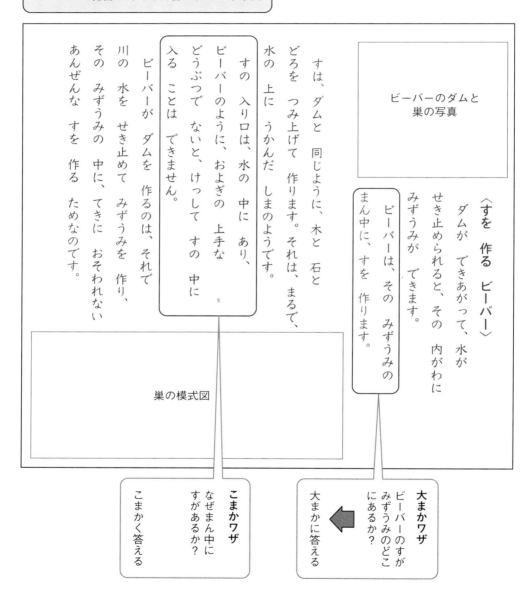

ビーバーの秘密がたくさん書かれている本文

すは、ダムと 同じように、木と 石と どろを つみ上げて 作ります。それは、まるで、水の 上に うかんだ しまのようです。

すの 入り口は、水の 中に あり、ビーバーのように、およぎの 上手な どうぶつで ないと、けっして すの 中に 入る ことは できません。

ビーバーが ダムを 作るのは、それで 川の 水を せき止めて みずうみを 作り、その みずうみの 中に、てきに おそわれない あんぜんな すを 作る ためなのです。

〈すを 作る ビーバー〉
ダムが できあがって、水が せき止められると、その 内がわに みずうみが できます。
ビーバーは、その みずうみの まん中に、すを 作ります。

ビーバーのダムと巣の写真

巣の模式図

大まかワザ
ビーバーのすが みずうみのどこに あるか？
大まかに答える

こまかワザ
なぜまん中に すがあるか？
こまかく答える

このワークシートがおすすめ！

大まか・こまかシート

問題

みずうみのまん中にあるのはなんでしょう？

答え（短く答える　大まか）

ビーバーのすです。

解説文（文をつなげて答える　こまか）

なぜ、みずうみのまん中にすを作るのでしょう。それは、みずうみのまん中は、あんぜんだからです。すの入り口が水の中にあるので、ビーバーのように、およぎの上手などうぶつでないと、けっしてすの中に入ることができません。ビーバーはみずうみのまん中にすを作ることで、てきに見つかりにくく、あんぜんにくらすことをたいせつにしています。

第Ⅲ章　「思考スキル」を育む実践事例　71

理由

「質問する力」を身に付けるには？

～「たからものをしょうかいしよう」（東書2年上）～

　低学年で「紹介」という言語活動を行うとき，**観点に沿って質問・応答を繰り返すことが重要**です。発表者が話し，聞き手が拍手するだけでは，思考力を培うことはできません。観点に沿って質問・応答を繰り返すことで紹介するもののよさや特徴がより明確になるでしょう。
　本実践は，紹介活動を活性化することで，質問する力を育てる学習です。

💡 思考スキルを支える学習活動

質問をたくさんして宝物を詳しく知ろう

単元計画
【1次】先生の宝物紹介を聞いて，質問する観点をもつ。
【2次】宝物の特徴をとらえる質問を交流し，クラスで観点をつくる。
　　　　　　　　　　　　　　　　　　　　　　　→ P.75 参照
【3次】宝物発表会を開いて，みんなで質問をしよう。

「観点に沿って質問する」ための手立て

①質問することの**よさ・意味を確認**するとともに**たくさんの観点をつくる**ことを押さえる。
②「質問してみま10か？シート」を使い，よさや特徴を明らかにするための**質問の観点をつくる**。
③**観点を選んで意図的に質問する**ことで宝物のよさや特徴をはっきり認識する。

単元の解説 Q&A

Q1 質問することのよさをどのように確認するとよいのですか？

先生の宝物を事例として取り上げ，子どもたちと考えてみましょう。

まず「先生の宝物は何だろう？ 今から発表します」と投げかけます。そうすることで，子どもたちは「何だろう」と積極的に聞く必然性が生まれるでしょう。

単元計画1次では，宝物のよさや中身がよく分からないように紹介をします。「知りたいのに分からない」ということでさらに子どもたちの知りたい気持ちが高まります。そこで質問の意義を「**分からない部分を聞き出すためのもの＝質問**」としてクラスみんなで確認します。

1次の最後に「**質問がたくさんあると宝物のよさや特徴が分かること**」を押さえ，質問の意味を再確認し，たくさんの観点をつくるという2次の活動につないでいきます。

Q2 質問を10個も考えられない子は，どうすればいいのですか？

10個質問を埋めることが2次の活動の目的ではありません。子どもたちから出てくる質問をクラスの観点にまとめることが2次の目的です。一つしか質問が考えられなくても「クラスみんなで観点をつくること」「観点のすばらしさを認めること」で「自分がつくった観点」という気持ちを高めるようにします。「この観点を使うと○○という宝物のよさがはっきり分かる」など，**観点の価値を教師と子どもで確認しながら観点づくりを行う**ことで，3次宝物発表会をするときには積極的に観点を使い10個の観点を使えるようになります。

Q3 なぜ，観点をつくった段階で学習を終えないのですか？

観点を理解しただけでは，実際に質問する力が使えるようになったとは言えません。実際に宝物発表会の中から，観点を選んで質問し相手の宝物のよさを実感できるようになることで「質問する力」が本当に使える力となるのです。「どのような場面で使うか（目的）という観点を選んで質問したことで，その宝物がどんな場面でも使える便利なものというよさがはっきりしました」のような感想が得られるようになることが3次の目標です。

この学習は，**意図的に観点に応じて質問する**ことで，何か明確にすることができるという「**質問する力**」の育成の第一歩になると考えられます。

学習のキーポイント

個人の意見からクラスの観点をつくりあげる。

このワークシートがおすすめ！

「質問してみま10（テン）か？」シート

○○さんの　たからもの

質問①　名前は何といいますか？

質問②　犬のしゅるいは，何ですか？

質問③　色は何色ですか？

質問④　何さいですか？

質問⑤　いつから犬をかっていますか？

質問⑥　犬とどんなことをしてあそびますか？

質問⑦　大きさは，どのくらいですか？

質問⑧

質問⑨

質問⑩

クラスで観点をつくり上げるまでは，無理にすべて埋める必要はありません。質問が浮かんだ分だけ記入します。

質問してわかったよさやとくちょうは……

名前が「コロン」で，子犬のころに「ころん」としていたからだとわかりました。

また，自分のたんじょう日にやってきたから思い出があるとわかりました。

理由

「想像を広げる力」を身に付けるには？
～「お手紙」（東書，光村2年）～

　低学年では，物語を，想像を広げながら読むことが大切です。これは，登場人物の行動や会話文を手がかりに場面の様子を思い描くことです。一言でいえば，確かな「理由」をもって場面の様子を想像することだといえます。授業では「なぜ，そう思ったか」「どこからそう思ったか」をはっきりさせて，それぞれの思い描いたことがらについて交流することが大切になります。

　物語「お手紙」は余韻を残す会話文で「がまくん」「かえるくん」の心情を描いています。例えば「ああ。」「とてもいいお手紙だ。」と，「かえるくん」から「お手紙」の中身を知らされた「がまくん」は言います。ここでは，一度も「お手紙」をもらったことのない「がまくん」の心情について，多様に考えることができます。行動や会話文をもとに「理由」のある想像を広げたい教材です。

💡 思考スキルを支える学習活動

会話文に込められた気持ちを想像しよう

単元計画
【1次】物語「お手紙」を音読し，さし絵を手がかりに物語の筋をとらえる。
【2次】「お気に入り」の会話文を選び，そこに込められた気持ちを想像する。
　　　　　　　　　　　　　　　　　　　　　　　　　→ P.79 参照
【3次】会話文に気を付けて音読を練習し，互いに聞き合う。

「想像を広げる力」を身に付けるための手立て

①**目の付け所**をはっきりさせる（この事例では「会話文」）。
②「**なぜ？**」を自分自身に，二回問い，理由を具体化する。
③子どもから出された，多様な考えを，板書で分類・整理する。

単元の解説 Q&A

Q1 どのように「お気に入り」の会話文を選ぶのですか？

　まず，最初の段階で繰り返し音読します。この段階で「友達が気持ちを込めて音読している文」や「自分が，気持ちを込めて音読したい文」に目を向けるように働きかけます。つまり，音読することによって〈子どもが注目している文〉を明らかにするのです。そのためには「友達や自分が気持ちを込めて読んだ文」にアンダーラインを引くよう助言するとよいでしょう。「お気に入り」の会話文は，アンダーラインを引いたところから選ぶことができます。

　次に，子どもたちが選んだ「お気に入り」の会話文を交流します。このとき，多くの子どもたちが選んだものについては「みんなで，いっしょに考えよう」と呼びかけ，共通の課題とします。

　子どもたちが気持ちを詳しく想像するのは〈みんなでいっしょに考える会話文〉と〈自分で選んだ会話文〉の2種類になります。

Q2 理由をはっきりさせて気持ちを想像するためにはどうすればいいですか。

　理由をはっきりさせるためには，「なぜ」を自分自身に二回問うことが大切です。

　子どもたちは，自身の「想像」についてもう一度「それはなぜ？」と考えるのです。

　例えば，お手紙を待つように促す「かえるくん」に対し「そんなことあるものかい。」と言った場面について考えましょう。「なぜ，その言葉を言ったのか」という問いに対して，子どもは「手紙が来るとは信じられない」と答えます。それに対しもう一度「なぜ」と問います。そうすると「これまで，毎日待っていたけど一度も来なかった。それで，本当にあきらめた気持ちになった」と考えていきます。

　一回目の「なぜ」は，その会話文に込められた〈気持ち〉を考えることになります。

　二回目の「なぜ」は，〈気持ち〉の背景にある，出来事や経過について考えるのです。

　「なぜ」という問いを重ねることで，〈気持ち〉からその背景へと，考えを進めていくことができます。

　理由をはっきりさせた想像をするためには，「なぜ」を二回以上自分に問うと同時に，**「物語のどの文からそれを考えたのか？」**を考えることが大切です。本事例では，ワークシートを用意し，「なぜ」を重ねて問うことと，「どの文からそう考えたか」を明らかにすることとを同時に達成できるようにしています。

(P.79 参照)

学習のキーポイント

自分自身に二回「なぜ？」と問いかける。

〇「なぜその言葉を言ったのか？」を考えよう。

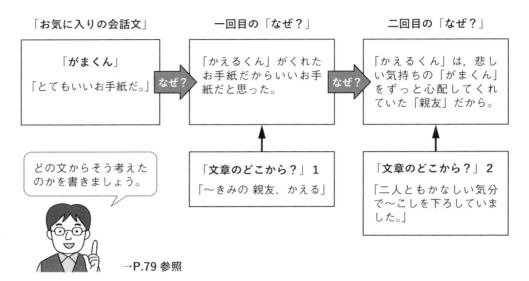

〇みんなで考えを交流しよう。

子どもたちから出された多様な考えを下のように板書に整理します。

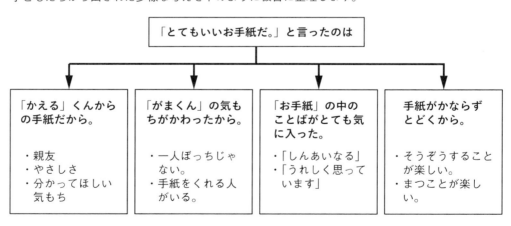

このワークシートがおすすめ！

「なぜ？」「なぜ？」カード

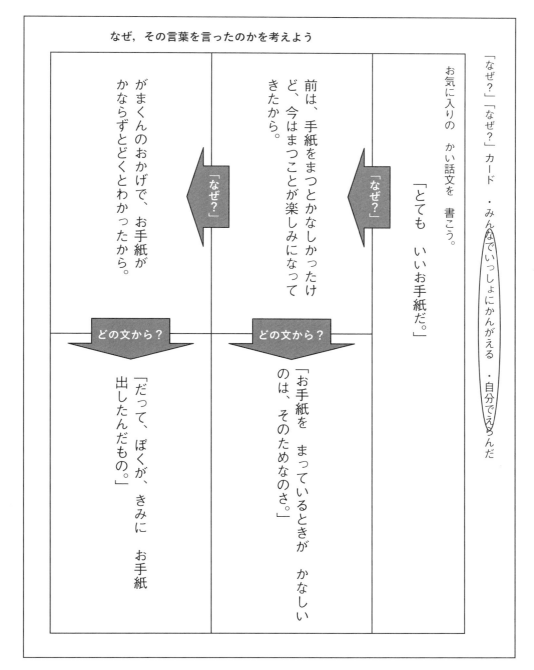

第Ⅲ章 「思考スキル」を育む実践事例　79

| 要 約 |

「問題解決のあらすじを書く」ためには？

～「はりねずみと金貨」（東書3年下）～

　物語のあらすじをまとめるコツは，ほとんどの物語に共通する「仕組」をとらえることにあります。その「仕組」とは，主人公が自分自身に欠けているものを獲得したりその代わりになるものを見つけたりするプロセスです。

　「はりねずみと金貨」を例に考えてみましょう。主人公のはりねずみは，年を取って「冬ごもりのしたくさえ、たいへん」です。〈では，冬ごもりのしたくをどうするのか？〉をめぐって物語が展開していくことになります。

　様々な物語に応用できる「あらすじのまとめ方」を身に付ける学習です。

―― 💡 思考スキルを支える学習活動 ――

はりねずみが「手に入れたもの」を見つけよう

単元計画
【1次】文の音読練習に取り組み，感想をもつ。
【2次】はりねずみの「手に入れたもの」を見つけあらすじをまとめる。
　　　　　　　　　　　　　　　　　　　　　　　　→ P.83参照
【3次】はりねずみの「手に入れたもの」に込められた登場人物の気持ちや心を考える。

―― 中心人物が「手に入れたもの」を見つけるための手立て ――

①はりねずみが「困っていること」「持っていないもの」を見つける。
②物語の中で，はりねずみが「手に入れたもの」を探す。
③はりねずみが「手に入れたもの」について「どうやって手に入れたか」「何がよかったか」を考える。

単元の解説 Q&A

Q1 あらすじをとらえるときには，どのようなところに目を付けるとよいですか？

あらすじをとらえるときに目をつけるところは三つあります。それは主人公にとっての〈マイナス〉と〈プラス〉および〈きっかけ〉です。

ここでいう〈マイナス〉とは，主人公にとって欠けているもの，主人公の困っていることです。また，〈プラス〉とは最終的に手に入れたものや気付いたこと，到達したことです。

Q2 あらすじを書くときにはどうすればよいですか？

あらすじを書くときは下の図のように〈マ・き・プ・け〉の順序で書きます。

まず，主人公の最初の様子を書きます。この際，困っていることや抱えている問題など〈マイナス〉に目を向けます。次に主人公の抱えている問題を解決するための〈きっかけ〉になる出来事を書きます。さらに主人公が最後にどうなったか〈プラス〉面に目を向けて書きます。最後に，物語の結末を書けばあらすじは完成です。

「主人公が抱えている問題をどのように解決したか」という道筋を端的に書くことが，あらすじを書くポイントです。

Q3 あらすじはどのように生かすことができますか？

あらすじをまとめる学習は，書かれていることを整理し，物語全体をおおまかにつかむためのものです。本単元では，あらすじを書いた後「もっと詳しく考えたいこと」をまとめるようにしました。物語全体をとらえる過程で浮かんだ〈なぜ？〉という疑問を次の段階に生かすようにするためです。

学習のキーポイント

主人公にとってのマイナスがプラスになるプロセスをとらえる。

Step 1 あらすじをまとめるまで（第一次，二次）

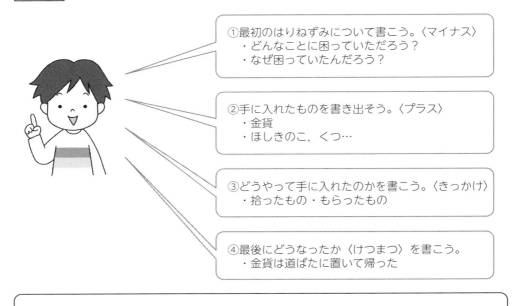

①最初のはりねずみについて書こう。〈マイナス〉
・どんなことに困っていただろう？
・なぜ困っていたんだろう？

②手に入れたものを書き出そう。〈プラス〉
・金貨
・ほしきのこ，くつ…

③どうやって手に入れたのかを書こう。〈きっかけ〉
・拾ったもの・もらったもの

④最後にどうなったか〈けつまつ〉を書こう。
・金貨は道ばたに置いて帰った

⑤〈マ・き・プ・け〉であらすじをまとめよう。

あらすじは〈マイナス〉→〈きっかけ〉→〈プラス〉→〈けつまつ〉の順序で書くと，書きやすくなります。

Step 2 あらすじをまとめてから

⑥あらすじをまとめていて「なぜ？」と思ったところを言いましょう。

どうしてはりねずみは金貨を道ばたに置いたのかな？

このワークシートがおすすめ！

マ・き・プ・け　あらすじメモ

Step 1

① マイナス　さいしょのはりねずみ（こまっていること）
- 年を取って冬ごもりのしたくさえできない。
- ほしきのこやくつがない。
- せきがとまらない。

② プラス
はりねずみが手に入れたもの
- 金貨
- ほしきのこ
- くつ
- くつ下
- はちみつ

③ きっかけ
どうやって手に入れたか
- 拾った（森のおくの草むら）
- りす
- からす
- くも
- くまの子がとどけた

④ けつまつ　最後にはりねずみは……
- 金貨を道ばたにおいて帰りました。

⑤ あらすじをまとめよう（マイナス→きっかけ→プラス→けつまつ）
年をとって冬ごもりのしたくにこまっていたハリネズミは、りすやからすたちのおかげで、ほしきのこやくつなど必要なものを手に入れました。しかし、使わなかった金貨は、道ばたにおいて帰りました。

Step 2

⑥ もっとくわしく考えたいこと
- どうして金貨をおいて帰ったのだろう。
- はりねずみがほかほかした気持ちになったのはなぜだろう。

要約

「要点をつかむ力」を身に付けるには？
〜「自然のかくし絵」（東書3年上）〜

　全文から筆者の主張するものを読むためには，各段落で書かれている話題の「要点をとらえる力」が重要です。本単元では，各段落にあるかくし絵がどういったものなのかをとらえるために，各段落のかくし絵（保護色）の様子を小見出しに書くことで，段落の中心点をとらえることができるようになります。
　その言葉がなぜ重要なのかを自分の言葉で説明することで，要点をつかむ力を育てる学習です。

💡 思考スキルを支える学習活動

「とくちょうが見える自然のかくし絵ブック」をつくろう

単元計画
【1次】本文を読み，どんなかくし絵なのか大まかにつかみながら読む。
【2次】かくし絵の内容を理解するだけでなく，小見出しで中心点をとらえているか確認する。2枚の絵くらべシートを活用。（→P.87参照）
【3次】かくし絵ブックを読み合い，小見出しのよさを交流する。

「自然のかくし絵ブック」をつくるための手立て

①本文を読んで，気付いたことを整理する。
②題名の意味を探る（かくし絵＝保護色であることが分かる）。
③それぞれの段落の内容を小見出しで表す（自分の言葉，本文の言葉）。
④本文の重要な言葉に着目しやすいように比較や順序が分かるシートを用いる。

単元の解説 Q&A

Q1 自然のかくし絵ブックに必要なパーツは何ですか？

この単元でつけるべき言葉の力を評価するためのパーツが必要です。
1. それぞれのこん虫の保護色の特徴が書かれた小見出しパーツ
2. 本文の中で，立ち止まるべき言葉を抜き出すパーツ
3. 言葉の理解を深めるための絵
4. 自分の読みを書いて整理できるパーツ

これらの四つのパーツが必要だと考えています。それぞれのパーツがどんな意味があるのか，指導者側が理解して使っていくことで，子どもたちの理解がより深まるからです。

Q2 絵を2枚描かせることでどんなよさがありますか？

絵を2枚描くということは，2枚の絵を比較することで思考力を上げていくことをねらっています。P.87ではゴマダラチョウを例に挙げていますが，「エノキの葉が黄色くなるにつれて」という言葉だけでは葉の上にいるゴマダラチョウの変化を読み取ることは難しいでしょう。この場合，ゴマダラチョウの幼虫の変化を表していくために2枚の用紙があれば，容易に読み取ることができます。

ここでは，変化を例に挙げましたが，その他にも，比較，順序なども複数枚描かせることで見えてくる思考力です。

Q3 小見出しにはどんな言葉が書かれているといいのですか？

小見出しには，それぞれのこん虫の保護色の特徴が書かれているといいです。小見出しなので，20文字以内で段落の中心となる言葉が書かれていることが大事です。ゴマダラチョウを例に考えると，周りの色が変化することに少し遅れながらも，合わせて色を変化させていくことが書かれていることが必要になります。

この小見出しは読みの評価とつながっています。本単元では，段落の中心となる内容が読めているかどうかが大事です。だから，小見出しづくりを通して自分が伝えたい内容を短く伝える方法を学んでいきます。

学習のキーポイント

保護色の特徴が分かる資料と言葉をつなぐ活動が大切である。

トノサマバッタの保護色の特徴を小見出しにする＝要点をつかむこと

写真と本文をつなぐ読みが内容理解につながる

　また、トノサマバッタは、自分の体の色がほご色になるような場所をえらんですんでいるようです。トノサマバッタには、緑色のものとかっ色のものがいます。野外で調べてみると、緑色の草むらにいるのは、ほとんどが緑色のバッタで、かっ色のかれ草や落ち葉の上にいるのは、ほとんどがかっ色のバッタです。

　さらに、まわりの色がへんかするにつれて、体の色がかわっていくこん虫もいます。ゴマダラチョウのよう虫は、エノキの葉を食べて育ちます。秋になり、エノキの葉が黄色くなるにつれて、この虫

｛ トノサマバッタ ｝段落ごと

｛ ゴマダラチョウ ｝

このワークシートがおすすめ！

2枚の絵くらべシート

内容に合わせて2枚の絵を描かせることにより，「変化」をとらえやすくする。

ゴマダラチョウの保護色が分かる小見出し。

自分の言葉で表現することで特徴を再認識する。

本文から重要な言葉を意識させるために抜き出した 言葉と矢印 に着目させる。

第Ⅲ章 「思考スキル」を育む実践事例

要約

「情報を読み取る力」を身に付けるには？

～「『ほけんだより』を読みくらべよう」（東書3年上）～

　文意を正しく把握して要約するには、文章や資料から正確に**情報を読み取る力**が必要です。

　本単元では、二つのほけんだよりの**文章を読み比べることで、書き手の意図に応じて事柄の取り上げ方や説明の仕方に違いがあること**を読み取ります。

　図表の効果を考えることで、より文章の理解が深められる学習です。

💡 思考スキルを支える学習活動

「書き手の伝え方の違い」を読み取ろう

単元計画
【1次】二つの文章を比べて、同じところ、違うところを見つける見通しをもつ。
【2次】キーワードを手がかりにして二つの文章の違いを比べ、書き手の意図を考える。　　　　　　　　　　　　　　→ P.91参照
【3次】どちらの文章をほけんだよりとして発行するか、理由を考えて選ぶ。

「書き手の伝え方の違い」を読み取るための手立て

①二つの文章の**同じところを確かめ**、書き手が伝えたいこと（おわり）を読み取る。

②二つの文章の**違いをキーワードで探す**。図表の違いや、文章とのつながりにも着目させる。

③**二つの文のキーワードを比べ**、書き手の意図と、それに応じた工夫を読み取る。

単元の解説 Q&A

Q1　違いを読み取るのに、なぜ共通点を押さえるのですか？

　文章を漠然ととらえているうちは、その中から大事な言葉を探すのはとても難しい作業です。**焦点を絞り、どこに違いがあるのかを明確にしておく必要があります。そのために、二つの文章を比べて見えてくる共通点をまず押さえておきます。**

　共通点を探してみると、題名と文章の「はじめ」「おわり」の部分に見つけることができます。このことから、書き手の「朝ごはんを食べてほしい」という思いは共通していることが分かります。**違いが見られるのは文章の「中」の部分だけであり、そこに書き手の伝え方の工夫が表れている**ということが見えてくるでしょう。

Q2　どうやってキーワードを見つけさせたらいいですか？

　3年生1学期の説明文「自然のかくし絵」でキーワードを見つける学習をしていれば、そのときの技が活用できます。
　①題名につながる言葉　②繰り返し出てくる言葉　③筆者の考えにつながる言葉
などが、キーワード＝大事な言葉になってくるでしょう。ただ、今回の文章は短く、繰り返し出てくる言葉もあまりありませんので、単語を探すというより「朝ごはんは〇〇だ」のようにキーセンテンスを探すほうが有効でしょう。つまり、**一文ごとに修飾語と語尾を省いて主語と述語の短い文にする**とキーセンテンスが浮かび上がってきます。

Q3　なぜ書き手の工夫を読み取った時点で学習を終えないのですか？

　書き手の表現の工夫を読み取っただけでは、情報を読み取る「力」にまではなりません。読み取ったことを活用してこそ「力」として獲得できます。

　今回は、どちらかの文章を選ぶことで、読み取ったことを根拠として活用できます。例えば「朝ごはんを食べたくないと言っている人に伝えたいから一つ目の文章」や「クラスで保健室に行く人が多いから二つ目の文章」など、**自分が書き手の立場に立って、自分のクラスにはどちらがより有効か考えることで、目的に応じた情報選択力が育まれます。**

学習のキーポイント

「書き手の伝え方の違い」を読み取る。

① 二つの文章の同じところを確かめ，書き手が伝えたいこと（おわり）を読み取る。

　　はじめ　　朝ごはんをしっかり食べよう
　　　　　　みなさんは，朝ごはんをきちんと食べていますか。

　　おわり　　朝ごはんは，毎日のけんこうのためにかかすことのできない，大切な
　　　　　　食事です。朝ごはんをしっかり食べて，元気に生活しましょう。

　　大森先生の願い　　朝ごはんは大切なので，毎日きちんと食べて，元気にすごしてほしい。

「同じところと違うところがあるのはなぜだろう」と問い，
そこに書き手の工夫があることに気付かせる。

② 二つの文章の違いをキーワードで探す。　　　③ 二つの文のキーワードを比べ，書き手の
　図表の違いや文章とのつながりにも着目する。　　意図と，それに応じた工夫を読み取る。

【一つ目の文章】

・朝ごはんはエネルギーになる
　→体を動かせる・勉強できる
・朝ごはんを食べないと，体がだるくなる
・朝ごはんを食べると体温が上がる
　→お昼まで続く　→　元気にすごせる
図　朝ごはんを食べたらどうなるかが分かる

　大森先生の意図と工夫

朝ごはんを食べるといいことが
たくさんあるということを知っ
てほしい。
そのため，図を使って朝ごはん
がいろいろないいことにつなが
っていることを工夫して伝えて
いる。

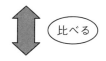

【二つ目の文章】

・朝ごはんを食べないと，体がだるくなる
・保健室に来た人の数
　→ご飯を食べなかった人が多い
・朝ごはんを食べなかった理由
　→食べる時間がなかった
表　・人数の多さが一目見て分かる
　　・数字は表にするとよい

　大森先生の意図と工夫

朝ごはんを食べないとどうなっ
てしまうのか気付いてほしい。
そのため，朝ごはんを食べない
人がどれくらい多いのか，数字
を使った表で伝えている。

このワークシートがおすすめ！

キーワード比較シート

キーワード発見！気づき発見！

【一つ目の文章】

中

・朝ごはんを食べないと，体がだるくなる

・ご飯を食べなかった人が多い

・朝ごはんを食べなかった理由
　↓
　食べる時間がなかった

・人数の多さが一目見て分かる
・数字は表にすると見やすい
　→ 教科書 P.107 の表

朝ごはんをしっかり食べるためには，前の日の夜に，早くねることも大切ですね。

みなさんへのアドバイス

↑ 前の日に早くねることをすすめている

[大森先生のくふう]
　朝ごはんを食べない人が多いことを表でつたえて，食べないとどうなってしまうのかをつたえている。
　だからアドバイスでは，食べる時間をつくるほうほうをしょうかいしている。

【一つ目の文章】

中

・朝ごはんはエネルギーになる
　体を動かせる・勉強できる

・朝ごはんを食べないと，体がだるくなる

・朝ごはんを食べると体温が上がる
　↓
　お昼まで続く
　↓
　元気にすごせる

朝ごはんを食べたらどうなるかが分かりやすい
　→ 教科書 P.106 の図

朝ごはんには，ごはんやパンだけでなく，ほかの食べ物もいっしょに食べるとよいですね。

みなさんへのアドバイス

↑ 朝ごはんに食べたらいいものをしょうかいしている

[大森先生のくふう]
　朝ごはんを食べると，どんないいことがあるか，図で分かりやすくくふうしてつたえている。
　だからアドバイスでは，朝ごはんにいいものをしょうかいしている。

[発見のまとめ]
　大森先生のねがいは同じでも，つたえ方をいろいろくふうできることが分かった。そしたら図や表，アドバイスも変わってくると分かった。

要 約

「テーマを読む力」を身に付けるには？

～「ごんぎつね」（学図，教出，三省，東書，光村4年）～

　要約するためには，「テーマを読む力」が欠かせません。**テーマ**とは，「文学作品を読んで，最も強く感じたこと」を短い言葉で表現したものです。本単元では，**物語の構成**に着目し，**筆者の意図**を考えます。そうすることで，作品の重要な情報の意味を明らかにし，読みを深めることができます。そして，「最も強く感じたこと」として作品からメッセージを受け取ることができるでしょう。

　物語のあらすじや人物の気持ちを考えるだけでなく，作者の意図を考えることによって読みを深め，テーマを読む力を育てる学習です。

思考スキルを支える学習活動

筆者に「なぜ？」と問いかけ，中心を読み取ろう

単元計画
【1次】本文を読み，あらすじを確かめる。
【2次】筆者がなぜ「ごんがうたれる」という結末にしたのかを考え，物語で中心的に描かれていること確かめる。　　　　→ P.95 参照
【3次】「ごんぎつね」の結末と比べながら，他の物語を読み，物語の中心を考える。

物語の中心を読み取るための手立て

①物語の**あらすじ**を確かめる。
②描かれている出来事について，**筆者の意図**を考え，中心的に描かれていることを確かめる。
③**読んだ物語と比べながら他の物語を読み**，話の中心をとらえる。

単元の解説Q&A

Q1 どのようにあらすじを確かめればよいのですか？

時，場所，人物の移り変わりに着目して確かめるとよいです。

まず，物語の冒頭部分で，いつの話なのか，場所はどこなのか，どんな人物が登場するのかを確かめます。

次に，時や場所が移り変わるところを探し，登場する人物と起こった出来事を確かめていきます。これを繰り返すことによって，物語のあらすじを確かめることができます。

物語は，基本的に，起（設定），承（展開），転（山場），結（結末）の構成で描かれます。特に，時間の経過や場面の変化，登場する人物がきっかけとなって，出来事が起こり，進んでいく仕組になっています。したがって，**時，場面，人物に着目し，移り変わりを確かめながら読むことによって**，物語のあらすじをつかむことができるのです。

Q2 なぜ，筆者の意図を考えるのですか？

作者は，中心となる事柄が浮かび上がるように，物語の中に出来事を描くからです。**一つの出来事について「筆者はなぜ」と，意図を考えることによって読みが深まり，テーマを読むことにつながります。**

「ごんぎつね」では，「新美南吉さんはなぜ，償いを繰り返すごんを描いたのか」「なぜ，兵十が気付いていない場面を描いたのか」「なぜ，ごんが撃たれる結末にしたのか」などと考えることによって，ごんと兵十の関係が中心的に描かれていると気付くことができます。そして，「悲劇的なすれ違い」，「償いを通して兵十に心の交流を求めたごんのひたむきさと，死を通してしか理解し合えなかった悲しさ」などのテーマを読むことができるでしょう。

ここでは，作者の意図に迫るためのワークシートを用います。　　　　　　（→P.95参照）

Q3 なぜ，他の物語と比べるのですか？

似ている物語と比べながら読むことによって，「ごんぎつね」で身に付けた，**作者の意図を考えながら読むという読み方を活用できます。**また，比較し，違いを考えることを通して「ごんぎつね」のテーマがより明確になるからです。この学習を通して，作者の意図を考えることによって読みを深め，テーマを読む力を身に付けることができるでしょう。

学習のキーポイント

出来事の流れにそって，中心的に描かれている事柄を確かめる。

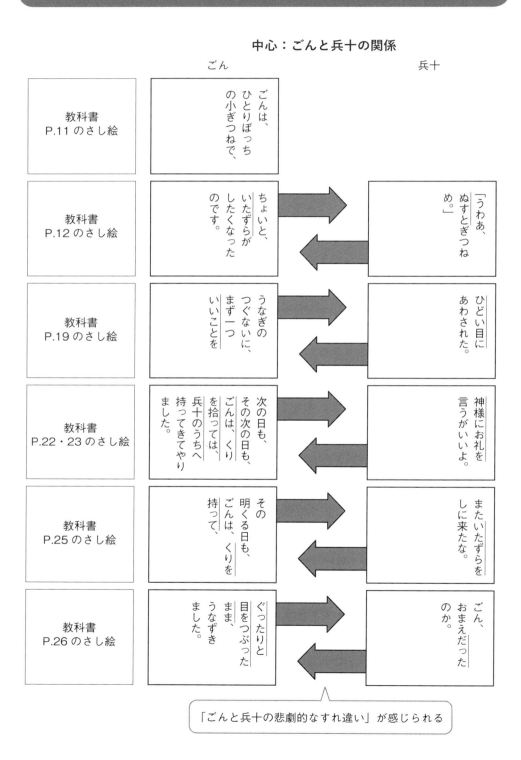

このワークシートがおすすめ！

「作者に『なぜなぜ』」シート

場面 結末

教科書
P.26のさし絵

| 人物
兵十とごん | 場所
兵十のうちの戸口 | 時
その明くる日 |

出来事「ごんが兵十にうたれる」

↓

作者に「なぜなぜ」

Q：新美南吉さんはなぜ、「ごんが兵十にうたれる」という結末にしたのか。

A：ごんと兵十の気持ちがすれちがっていることを読んでいる人に感じてもらうためだと思います。なぜなら、心が通じ合ったことを表げんするなら、うたれずに気付いてもらう結末にすると思うからです。結末をむかえるまでの場面でも、ごんと兵十の気持ちがすれちがっていることがえがかれています。
　例えば、ごんが兵十のうちにいわしを投げこむ場面では、ごんはいいことをしたと思うけど、兵十はいわし屋になぐられてうらんでいます。ごんがくりやまつたけを兵十に持っていっているのに、兵十は神様のしわざだと考えます。
　兵十に心を近づけ、ひたむきにつぐないを続けるごんに対してそれに気付かず、ごんをうったしゅん間にやっと気付くという、二人のすれちがいが表げんされている作品です。

第Ⅲ章 「思考スキル」を育む実践事例

> 定義

知識を本物にするには？

～「「ゆめのロボット」を作る」（東書4年下）～

　知識を本物にするためには「知りたい」もの・ことに関するキーワードについて，多様な角度からとらえることが必要です。そのためには，**それぞれのキーワードが説明文の中でどのようにとらえられているのか目に見える形にする**必要があります。

　教材「「ゆめのロボット」を作る」は，筆者へのインタビュー記事と説明文の二つから構成されています。したがって，筆者の考える「ゆめのロボット」とはどのようなものか，様々な角度からとらえるのに適していると言えるでしょう。そのためには，ここに含まれる「ロボット」「着るロボット」「マッスルスーツ」「アクティブ歩行器」といった**キーワードがどのように結び付いているのかを理解すること**が欠かせません。

　本単元は，キーワード同士の関係を目に見える形にする学習です。

💡 思考スキルを支える学習活動

筆者の考える「ゆめのロボット」について
キーワードを手がかりにとらえよう

単元計画
【1次】インタビュー記事と説明文を音読し，キーワードを取り出す。
【2次】キーワードを主語にした短文を作り「太陽メモ」に整理する。
　　　　　　　　　　　　　　　　　　　　　　　　→ P.99 参照
【3次】筆者の考える「ゆめのロボット」について「着るロボット」「マッスルスーツ」などのキーワードを使って400字程度でまとめる。

キーワードの意味を具体化するための手立て

①筆者の考える「ゆめのロボット」に関係する**キーワードを探す**。
②キーワードを主語に「〜は，〜である」「〜は，〜する」「〜は〜だ」という形式の**短文を作る**。
③つくった短文を交流し「仕組」「はたらき」「筆者の願い」の**観点で整理する**。
④つくった短文を「太陽メモ」（ワークシート）に**整理して書く**。

単元の解説 Q&A

Q1 なぜ「〜は〜である」「〜は〜する」「〜は〜だ」という短文をつくるのですか？

ここでは短文づくりを通して，インタビュー記事や説明文から筆者の考えをとらえるために必要な情報を切り取ることを目指しています。「〜は〜である」という文は，情報を表すための最も短い形式です。したがって，一目で**「文章のどこをどのように切り取ったか」をとらえるができます。**

短文をつくるにあたっては「ロボット」「着るロボット」「アクティブ歩行器」「マッスルスーツ」といったキーワードを取り出し，それらを主語にした文をつくるように言葉かけします。

また，短文を交流する段階では「仕組」「はたらき」「筆者の願い」の観点で仲間分けします。これにより，説明文に書かれた情報を具体的にとらえることができます。

Q2 「太陽メモ」を使って整理すると，どのような効果がありますか？

「太陽メモ」では，主語を中央の円の中に書き，そこからから出る「線」に文を書いていきます。さらに詳しい説明や気付いたことをメモに書き込むといいでしょう（下図参照）。「太陽メモ」には**キーワードのもつ意味を具体化する働き**があります。

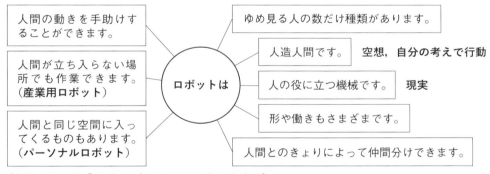

〔太陽メモの例「ロボット」についてまとめたもの〕

このように，「太陽メモ」にまとめることで，「ロボット」「着るロボット」「マッスルスーツ」「アクティブ歩行器」などのキーワードの意味を多角的にとらえることができます。**説明文の中でキーワードがどのように位置付けられているかを目に見える形にすることができる**からです。

学習のキーポイント

「太陽メモ」で説明文のキーワードを多面的にとらえる。

キーワードを主語に「〜は〜だ」「〜は〜する」という形の文をつくろう。

〔例〕
- マッスルスーツは、人工筋肉の力を借りています。
- マッスルスーツは重い物を持ち上げるはたらきをします。
- マッスルスーツはロボットです。

一つの文で一つの情報を伝えるようにすることがポイントです。

つくった文を交流しよう。

(1) 同じ主語の文を集める。
- ロボット
- 着るロボット
- マッスルスーツ
- アクティブ歩行器

「何に使われるか」について述べた文は「はたらき」の仲間。まだ、実現していないことは「筆者の願い」に入れよう。

マッスルスーツがどのようにして動くかを述べた文は「はたらき」の仲間だね。

(2) 文を仲間分けする。
- 仕組
- はたらき
- 筆者の願い

「太陽メモ」にまとめよう。

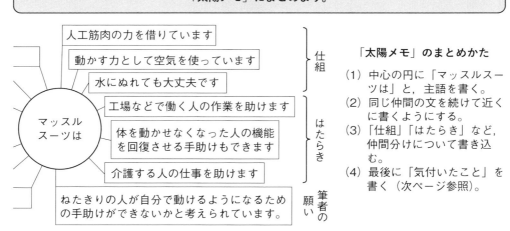

「太陽メモ」のまとめかた

(1) 中心の円に「マッスルスーツは」と、主語を書く。
(2) 同じ仲間の文を続けて近くに書くようにする。
(3) 「仕組」「はたらき」など、仲間分けについて書き込む。
(4) 最後に「気付いたこと」を書く(次ページ参照)。

このワークシートがおすすめ！
知識を本物にする「太陽メモ」

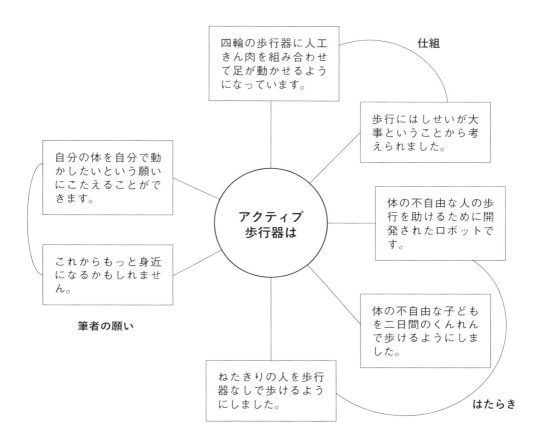

気付いたこと
「アクティブ歩行器」の働きで，体の不自由な人が歩けるようになっている。「アクティブ歩行器」は人の代わりに仕事をやってくれるロボットというより，人が「できること」をふやすためのロボットだと思う。このロボットが，身近になれば，たくさんの人が自分の力で歩くことができるようになる。

定　義

「置き換える力」を身に付けるには？

～「広告と説明書を読みくらべよう」（東書4年上）～

　物事の概念を分かりやすく定義するためには，「置き換える力」が欠かせません。本単元では，**説明を簡単な言葉に置き換えて，見出しを考えます**。そうすることで，伝える側は，中心となる事柄に応じて具体的な説明をしていることが共有できます。**伝えたいことの中心**となる事柄に着目し，簡単な言葉に置き換えて説明する力を育てる学習です。

思考スキルを支える学習活動

文章の「見出し」を考えよう

単元計画
【1次】広告と説明書に書かれてある文章の「見出し」を考える。
【2次】広告と説明書の「見出し」の付け方の違いを考える。　→ P.103 参照
【3次】ポスターや新聞，本の帯などの「見出し」が付けられているものを集めて，「見出し」の付け方と目的を考える。

文章の「見出し」を考えるための手立て

①広告と説明書の「**見出し」の付け方の違い**を考える。
②**説明を簡単な言葉に置き換えて**，適切な見出しを考える。
③「見出し」が付けられている身の回りのものを集めて，**見出しの付け方の効果**を考える。

単元の解説 Q&A

Q1 なぜ，文章の見出しを考えるのですか？

文章の見出しを考えることで，他の文章との比較がしやすくなるからです。

見出しとなる言葉を関係付け，短い言葉に置き換えると，全体の中心となる事柄が明らかになります。そして，それぞれの文章がつくられた目的を確かめることができます。例えば，説明書は，様々な場合について説明してあり，安全に使ってもらうことが目的であることが分かります。一方，広告は，特長のみが書かれてあり，よい点を伝えて商品を購入してもらうことが目的だと分かります。目的が違うと，取り上げる内容や見出しになる言葉，説明が異なることを確かめることができます。

短い言葉に置き換えることによって，一目で比べることができ，何が違って，何がよいのかということがつかめるのです。

Q2 どのようにして，文章の見出しを考えるのですか？

説明の中心となる事柄を考えて，短い言葉に置き換えましょう。

まず，説明の文や言葉のつながりに着目し，何について書かれてあるのか，中心を考えます。

次に，中心となる事柄を短い言葉に置き換えます。説明の中の言葉があてはまる場合もあります。

最後に，見出しがふさわしい言葉になっているか，もう一度，説明の文や言葉を見返し，確かめます。

説明には具体的な事柄とそれらをまとめた中心となる事柄があります。具体的な事柄を関係付けると中心となる事柄をとらえられ，どのような見出しを付ければよいか考えることができます。

ここでは，広告と説明書の違いを明らかにするためにワークシートを用います。

（→ P.103 参照）

Q3 なぜ，様々な形式の「見出し」が付けられているものを扱うのですか？

様々な文章の目的を考えることによって中心となる事柄をとらえ，簡単な言葉に置き換える力を確かに身に付けるためです。

学習のキーポイント

説明されている事柄を比較して,目的を明らかにする。

①見出しを穴あきにし,短い言葉で考えるようにすると,置き換える力が付く。

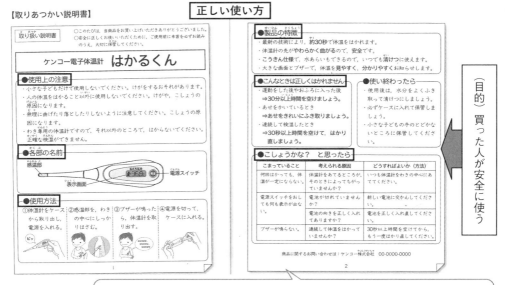

何について書かれているか,まとめた言葉を考えて,見出しを付けている。

②説明書の情報を使って広告をつくる活動を取り入れると,比較が生まれる。

文中の言葉を使って,見出しを付けている。

このワークシートがおすすめ！

目的・比べま表

広告			形式	説明書			
買ってもらう			③目的	安全に使ってもらう			
特長			②中心 (見出しの言葉 をまとめると)	正しい使い方			
見やすい	清けつ	曲がる	①見出し (説明を要約し， 短い言葉で)	特長	使用方法	注意	
大きくて見やすい画面で検温結果をきちんとたしかめられます。また、検温が終わるとブザーでお知らせします。	きんをよせつけない「こうきん仕様」なので、水であらえるので、お手入れもかんたんです。	体温計の先がやわらかく曲がるので、小さなお子さまからお年よりまで、安全に検温ができます。	説明	・体温計の先がやわらかく曲がるので、安全です。 ・こうきん仕様で、水あらいもできるので、いつでも清けつに使えます。 ・大きな画面とブザーで、体温を見やすく、分かりやすくお知らせします。	①体温計をケースから取り出し、電源を入れる。 ②感温部を、わきの中心にしっかりはさむ。 ③ブザーが鳴ったら、体温計を取り出す。 ④使用後は、電源を切って、ケースに入れる。	・小さな子どもだけで使用しないでください。けがをするおそれがあります。 ・人の体温をはかること以外に使用しないでください。けがや、こしょうの原因になります。	

学習のふり返り（「見出し」「目的」という言葉を使って，学びをふり返ろう）

　今日は，広告と説明書に書かれている文章の見出しを考えました。
　説明書は，説明が必要な場面ごとに見出しがついていて，正しい使い方が書かれてあり，安全に使ってもらうことが目的に書かれていることが分かりました。広告は，特長ばかりを書いているので，買ってもらうことを目的に書かれていることが分かりました。広告は情報の一部を取り上げていることも分かりました。見出しを考えることでどんなことについて説明しているのかが分かって，比べやすくなりました。
　他の形式の文章も，見出しに目を向け，目的を確かめながら読んでいきたいです。

> 定 義

「聞く力」を身に付けるには？

～「インタビューをしてメモを取ろう」（東書3年上）～

聞く力を付けるためには，聞くための準備をしっかりとすることです。
インタビューをしてメモを取る際には，どのような準備が有効なのでしょうか。
　まず，**インタビューの目的をはっきりと相手に伝え，順序に沿って内容ごとの見出しを付けながらメモをとる**ことで，後で使えるメモが残せるようになります。
　本単元では，子どもたちが目的を意識して質問し，聞きながら見出しを付けることで分析し，活用しやすいメモ作りをする流れを経験します。この一連の流れを押さえることで，話の中心に気を付けて聞き，有用なメモを取る力を育てる学習ができます。

💡 **思考スキルを支える学習活動**

目的・順序・見出しを準備して，話のまとまりを意識したインタビューメモを取ろう

> 単元計画
> 【1次】本文を読んでメモの取り方を知り，本文とワークシートで練習をする。
> 【2次】実際にインタビューし，メモを取る。　　　　　　→ P.107 参照
> 【3次】メモの内容や取り方自体を振り返り，評価する機会を設定する。

── インタビューし，「話のまとまり」に気を付けてメモを取る手立て ──

①何のためにインタビューするのか，**目的**を相手に伝える。
②聞きたいことを，質問する。
③「まず」「次に」「最後に」などの**順序を表す言葉**をたよりに，話のまとまり（時・物・人・場所など）を聞き分け，**話題ごとに見出し**を付ける。
④**数や大事な言葉**などを中心に，メモを書く。

単元の解説 Q&A

Q1 なぜ，目的・順序・見出しの観点が必要なんですか？

　子どもたちに「話のまとまりに気を付けて聞こう」と伝えるだけでは，話の中心を見つける指導にはなりません。

　まず「何のために質問したいのか」を問うことで，子どもたちの目的意識がはっきりし，さらに**相手からより適切な情報をもらえる**ことが期待できます。

　次に，話し手の「一つ目は，二つ目は，三つ目は」や「はじめに，次に，最後に」などの順序を表す言葉を聞き分けると，**話の区切れが分かります。**

　そして，聞き分けた話の区切れごとに，「～の話」のような見出しを付けてまとまりを意識することで，**話の中心をとらえることができる**のです。

Q2 話のまとまりを聞き分けるには，どのように指導すればいいですか？

　Q1の話の区切れを子どもたちと共有したうえで，「**時・物・人・場所などの話題の変化をヒントにして，まとまりを見つけよう**」と指示します。教科書の本文では，子どもたちが「場所」について質問し，話し手も「場所」を三つに分けて説明しています。

　実際のインタビュー場面では，話は前後するなどしてまとまりを見つけることは，もう少し難しくなってきます。けれど経験を繰り返すうちに，取捨選択しながら聞き分けられるようになります。このような活動を繰り返すことは，話題を焦点化し，筋道立てて再構成する力につながります。

Q3 メモをその後の学習にどう生かすのですか？

　まず行うのが，メモをした後の交流です。**メモの内容や取り方を振り返り，評価する機会を設定します。**友達のよりよいメモを目にすることで，内容や形式を工夫し，構成や字体の強調なども加えたメモができるようになるからです。

　また，目的や課題に応じて聞き取ったメモは，**話し合い活動や書く活動に生かす**ことができます。目的を明確にしたメモを取るとともに，そのメモを事後の学習にどう活用していくかを見通しておくことも必要です。

　この単元を丁寧に扱っておくことで，社会科や総合でメモを生かしてまとめ，発表する際に大いに役立つことはいうまでもありません。**日常的にメモを取ることが習慣化するよう指導を工夫していきたい**ものです。

学習のキーポイント

目的・順序・見出しを意識して，聞くための準備をしよう。

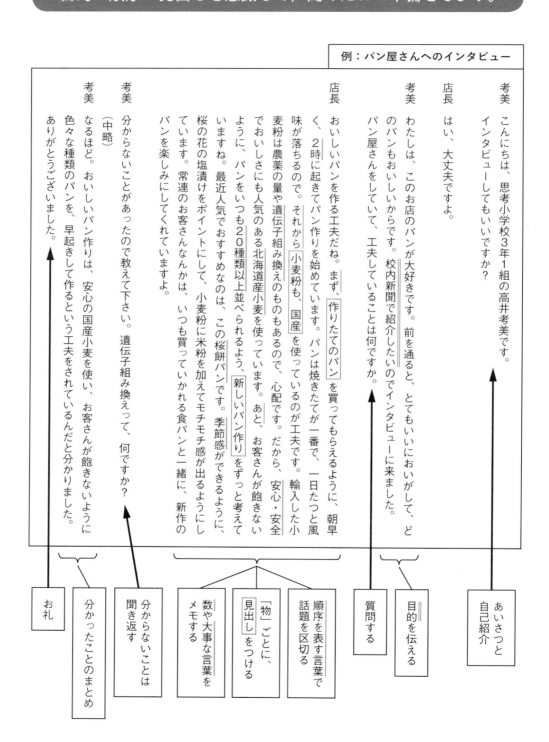

例：パン屋さんへのインタビュー

考美　こんにちは、思考小学校3年1組の高井考美です。インタビューしてもいいですか？

店長　はい、大丈夫ですよ。

考美　わたしは、このお店のパンが大好きです。前を通ると、とてもいいにおいがして、どのパンもおいしいからです。校内新聞で紹介したいのでインタビューに来ました。

店長　パン屋さんをしていて、工夫していることは何ですか？

考美　おいしいパンを作る工夫だね。まず、作りたてのパンを買ってもらえるように、朝早く、2時に起きてパン作りを始めています。パンは焼きたてが一番で、一日たつと風味が落ちるので。それから、小麦粉も、国産を使っているのが工夫です。輸入した小麦粉は農薬の量や遺伝子組み換えのものもあるので、心配です。だから、安心・安全でおいしさにも人気のある北海道産小麦を使っています。あと、お客さんが飽きないように、パンをいつも20種類以上並べられるよう、新しいパン作りをずっと考えていますね。最近人気でおすすめなのは、この桜餅パンです。季節感ができるように、小麦粉に米粉を加えてモチモチ感が出るようにして、桜の花の塩漬けをポイントにして、常連のお客さんなんかは、いつも買っていかれる食パンと一緒に、新作のパンを楽しみにしてくれていますよ。

考美　なるほど。

考美　分からないことがあったので教えて下さい。遺伝子組み換えって、何ですか？

（中略）

考美　なるほど。おいしいパン作りは、安心の国産小麦を使い、お客さんが飽きないように色々な種類のパンを、早起きして作るという工夫をされているんだと分かりました。

考美　ありがとうございました。

- あいさつと自己紹介
- 目的を伝える
- 質問する
- 順序を表す言葉で話題を区切る
- 「見出し」をつけ、「物」ごとに
- 数や大事な言葉をメモする
- 分からないことは聞き返す
- 分かったことのまとめ
- お礼

106

このワークシートがおすすめ！

まる見え！インタViewカード

	9月30日 名前 高井 考美
あいさつ 自己しょう介	こんにちは、私は <u>思考小学校 3年1組の 高井 考美</u> です。 インタビューをしても、いいですか？
何のために 聞きたいのか	いいにおいで　どのパンも おいしい 校内新聞で しょうかいしたい
聞きたいこと （しつ問）	パン屋さんをしていて、工夫していることは 何ですか。

> 見出しのポイント　時・物・人・場所などで話のまとまりを見つけよう

① 作りたてのパン

　　朝2時
　　やきたて　　×1日たつと風味 おちる

> メモのポイント
> 数
> 大事な言葉

② 小麦こも 国さん

　　ゆにゅうー のう薬・いでんし組みかえ ×
　　　安心・人気　北海道さん

③ 新しいパン作り

　　20しゅるい
　　さくらもちパン → 新作　きせつ感

😊 わかった！　　😟 わからないのでもう一度教えて下さい

お礼	(安心の国さん，いろいろなパン，早起き) がわかりました。 　　　　　　　　　　　　　　　ありがとうございました。

定 義

「伝える力」を身に付けるには？

～「報告します、みんなの生活」（東書4年上）～

　他者と考えを交流するためには，「伝える力」が欠かせません。物事を伝える学習では，子ども自身が「どうすればもっと伝わるか」と意識して活動をすることが大切です。

　本単元では，「効果的な資料」と「伝える順序」を工夫することで伝える力を高めます。具体的には，クラスみんなの生活についてアンケートをとって，分かったことをポスターにまとめ報告します。**まず報告するテーマを決定した理由を述べ，具体的に調べたことを順序よく報告します。**

　物事を全体から細部へと説明する力を育てる学習です。

💡 思考スキルを支える学習活動

資料を使って分かりやすく報告しよう

単元計画
【1次】みんなの生活について調べたいテーマを決めてアンケートをつくる。
【2次】グラフや表の効果を考える。資料を用意しポスターをつくり，発表組み立てメモを作成する。　　　　　　　　　　　　　→ P.111 参照
【3次】交流会を開き，感想を交流する。

資料を使って分かりやすく報告するための手立て

①様々な**グラフや表の効果**を考える。
②みんなに**質問したいことを整理**してアンケートをつくり，クラスのみんなに答えてもらう。報告したい**内容に合った資料**を用意しポスターをつくる。
③発表組み立てメモをもとに，**全体から細部へ**と説明する。

単元の解説 Q&A

Q1 なぜグラフや表の効果を考えるのですか？

聞き手に分かりやすく話すためには，具体的な資料を提示することが大変有効です。ただ提示する資料は何でもよいわけではありません。伝えたい内容に合わせて，様々な絵や図表，グラフの中から選択する必要があります。その理由はそれぞれがもつ表現効果に違いがあるからです。

絵や写真は具体的なイメージを伝えることに適しています。棒グラフは数量の大小関係を表すことに適していますし，ランキングは調べた内容の傾向を分かりやすく伝えます。

子どもたちがそういった効果を理解したうえで，**適切な表現方法を選択することが，分かりやすく伝えるための第一歩**となるのです。

Q2 なぜ発表組み立てメモをつくるのですか？

物事を説明する際には，全体から細部へと移行していくことが基本となります。

本単元ならば，まず「どんなテーマで調べたのか」「なぜそのテーマにしたのか」を伝えます。次に具体的に調べ取ったことを伝えていきますが，その際にも「何を表した資料なのか」をまず伝える必要があります。そして最後には「まとめの言葉」を入れます。発表組み立てメモをつくることで，この基本的な説明の流れを視覚的に確認することができるのです。

（→ P.111 参照）

Q3 交流会を充実させるためにはどうすればよいですか？

本単元に提示されているようにポスターをもとに議論することを，ポスターセッションと言います。ポスターセッションのよさは報告者と聞き手の距離が近く，気楽に話し合えることです。ですから，一つのグループがクラスのみんなに説明するのではなく，**興味をもってくれた少人数を相手に話すほうが充実した交流会になります。**隣のクラスや保護者に報告する場を設定するという方法もあります。

聞き手には，積極的に質問するように依頼しておきましょう。**よい質問は話し合いを深めます。**司会役の子どもには「何か感想はありませんか」というように聞き手の思いを引き出す方法を指導しておきます。形式的にならずに，テーマについて報告者と聞き手が和やかに話し合える雰囲気づくりを大切にしましょう。

学習のキーポイント

様々な表やグラフの効果を考える。

	表やグラフの効果
教科書 P.119の棒グラフ	【棒グラフの効果】 ・数や量の大小関係を分かりやすく伝える。
教科書 P.119のランキング	【ランキングの効果】 ・調べ取った内容の傾向を端的に伝える。
教科書 P.119の表	【表の効果】 ・項目ごとに整理することで，ちらばり具合を伝える。
教科書 P.119の図	【特定の項目を強調し，その内容を詳しく伝えることの効果】 ・聞き手が興味をもつであろう内容を具体的に伝える。

このワークシートがおすすめ！

発表組み立てメモ

発表すること	資料	分たん
①はじめの言葉 ・わたしたちは「　　　　　　　　　　」と いうテーマでアンケートをとって調べました。分かったことを報告します。 ・このテーマを選んだ理由は ・これから「　　　　　　　」について 　　　　　　　　　　　　の順で報告します。 ・ではまず「　　　」さんお願いします。		
②「　　　　　　　　　」について報告します。 ・この「　　　　　　　」を見てください。 ・わたしたちにとって意外だったのは ・この結果から 　　　　　　　　　　と考えました。	・ぼうグラフ ・ランキング ・表 ・その他 （　　　　）	
③「　　　　　　　　　」について報告します。 ・この「　　　　　　　」を見てください。 ・わたしたちにとって意外だったのは ・この結果から 　　　　　　　　　　と考えました。	・ぼうグラフ ・ランキング ・表 ・その他 （　　　　）	
④「　　　　　　　　　」について報告します。 ・この「　　　　　　　」を見てください。 ・わたしたちにとって意外だったのは ・この結果から 　　　　　　　　　　と考えました。	・ぼうグラフ ・ランキング ・表 ・その他 （　　　　）	
⑤「　　　　　　　　　」について報告します。 ・この「　　　　　　　」を見てください。 ・わたしたちにとって意外だったのは ・この結果から 　　　　　　　　　　と考えました。	・ぼうグラフ ・ランキング ・表 ・その他 （　　　　）	
⑥まとめの言葉 ・わたしたちのグループの報告は以上です。 ・なにか質問はありませんか。 ・感想をお願いします。		

※話そうと思う内容に○をする　　　　　　※使う資料に○　　※名前を書く

> 定義

「一人一人の感じ方の違いに気付く力」を身に付けるには？
～「一つの花」（教出，東書，光村4年）～

　中学年の「読むこと」の学習では，一人一人の感じ方やとらえ方を生かし，さらに深い読みを目指すことが大切です。つまり「一人一人の感じ方の違いに気づく力」を育てることが重要な課題なのです。そのためには，「自分が物語から読み取りたいこと」をはっきりさせたうえで，自分の心にひびいた表現を選び，自分の解釈や価値付けを行うことが必要です。

　「一つの花」は，戦争によって引き裂かれる家族の姿を描いた物語です。余韻のある描写は，読者の想像をかき立てます。子どもどうしの感じ方の違いを生かして，読み味わいたい教材だと言えます。ここでは「私のランキング」をまとめる活動を通して「読み取りたいこと」を定義し，価値付けと解釈を行う活動を紹介します。

💡 思考スキルを支える学習活動

「わたしのランキング」を交流し，物語の魅力をさぐろう

単元計画
【1次】「一つの花」を音読し，学習の見通しをもつ。（1時間）
【2次】「わたしのランキング」をまとめる。（3時間）　　→ P.115参照
【3次】「わたしのランキング」を交流し，「一つの花」の魅力を探る。（3時間）
【4次】友達の読みを取り入れて，「一つの花」の魅力をまとめる。

「一人一人の感じ方の違いに気付く力」を育てるための手立て

①「自分の読み取りたいこと」を〈読みの柱〉として定義する。
②「読み取りたいこと」を「ランキング」形式でまとめる。
③互いの「ランキング」を交流し，物語の魅力をまとめる。

単元の解説 Q&A

Q1 「わたしのランキング」には、どんな意義がありますか？

「わたしのランキング」とは、自分の設定した〈読みの柱〉にもとづいて、物語の中から重要なエピソードや出来事を取り出す活動です。ここで言う〈読みの柱〉とは、一人一人の子どもの「読み取りたいこと」です。〈読みの柱〉を設定することによって、子どもたちは、「自分の読み取りたいこと」を定義することになります。物語「一つの花」では、〈戦争の悲しさを感じた出来事ベスト３〉〈家族のつながりを感じた出来事ベスト３〉などの〈読みの柱〉を設定することが予想されます。

「どのような出来事を選び出すのか」つまり〈ベスト３〉の〈読みの柱〉を決める段階では「自分の読み取りたいこと」を定義することになります。また〈ベスト３〉を決め、選ぶ段階で物語に描かれた出来事に対する自分の解釈や価値付けが明確になります。

〈ベスト３〉にすることで、一人一人の「感じ方」が目に見える形になるのです。

Q2 「わたしのランキング」をどのようにまとめますか？

まず「何についてのベスト３を選ぶか」を決めます。これは〈読みの柱〉を設定する段階です。ここでは子どもにとっての「読み取りたいこと」が定義されます。教師は、「物語から感じ取ったことを箇条書きでまとめよう」と助言するといいでしょう。箇条書きでまとめたものから〈ベスト３〉の〈柱〉として取り上げることができるものを探すのです。

物語の中から〈ベスト３〉の出来事を選ぶ段階では、「自分の読み取りたいこと」に関連する文にアンダーラインを引きます。そして、選んだ文に対して自分の言葉で題を付けます。こうすることで出来事を取り出すことができるのです。　　　　　　　（→ P.115 参照）

Q3 「わたしのランキング」をどのように交流しますか？

〈ベスト３〉のタイトルをつけた段階で、互いの考えを出し合います。この際「みんなで共通するタイトル」を選んでおくのです。例えば、〈戦争の悲しさを感じた出来事ベスト３〉〈家族のつながりを感じた出来事ベスト３〉は必ず全員が取り組むようにし、その他は各自に委ねます。こうすることで、交流が容易になります。

交流にあたっては「自分が選んでいなかったエピソード」および「自分も選んでいたが、理由付けが違うエピソード」に着目するよう助言していきます。こうすることで、子どもたちは、互いの読みを比較し「一人一人の感じ方の違い」に気付くことができるのです。

学習のキーポイント

ランキング形式で読み取ったことをまとめる。

○「わたしのランキング」の〈読みの柱〉を考えよう。

「自分の読み取りたいこと」を短い言葉でまとめたものが〈読みの柱〉だよ。
まず、読み取りたいことを箇条書きにしてみよう。

〈読みの柱〉の例

・戦争の悲しさを感じた出来事ベスト3。
・家族のつながりを感じた出来事ベスト3。
・ゆみ子がお母さんを困らせた出来事ベスト3。
・お父さんの優しさベスト3

互いの考えを出し合い「みんなに共通する〈読みの柱〉」を決めよう。

○「わたしのランキング」をまとめよう。

ステップ1
自分の考えた〈読みの柱〉に関連する文にアンダーラインを引こう。

ステップ2
ベスト3として取り出した出来事に題を付けよう。

　文「ゆみちゃん、いいわねえ。お父ちゃん、兵隊ちゃんになるんだって。」

　出来事の題「本当の気持ちを出せないお母さん」

ステップ3
その出来事を〈ベスト3〉として選んだわけを書く。

「わたしのランキング」交流のポイント

・自分が選んでいない出来事
・自分も選んでいた出来事についての違う理由付け

このワークシートがおすすめ！

「わたしのランキング」シート

〈読みの柱〉 戦争の悲しさを感じた出来事 〈ベスト3〉

	ベスト3	ベスト2	ベスト1
出来事の題	いつもおなかをすかせている世の中。	本当の気持ちを出せないお母さん。	ゆみ子に心を残していってしまうお父さん。
出来事の中心になる文	そんなものは、どこへ行ってもありませんでした。	ゆみちゃんいいわねえ、お父ちゃんへいたいちゃんになるんだって。ばんざあいって……。	ゆみ子のにぎっている一つの花を見つめながら……。
選んだわけ	「おまんじゅうだの～」「そんなもの」という言葉で、それどころじゃない。生きることさえやっとなんだということが感じられる。食べものを手に入れることさえむずかしい、戦争の悲しさを感じたから。	お母さんは、お父さんにへいたいになってほしくない、戦争に行くと死ぬかもしれないけど、それをゆみ子に言えないし、たぶんこの時代は反対もできない。本当の気持ちとちがうことを言わなければならないから。	お父さんは、本当はゆみ子が心配で、お話ししたいこともいっぱいある。でも、ゆみ子を心配させたくない。ゆみ子とずっといっしょにいたいという気持ちも出せないまま別れ別れになってしまったことが悲しいから。

第Ⅲ章 「思考スキル」を育む実践事例

類別

「つながりを見つける力」を身に付けるには？③

~「モチモチの木」（東書，光村3年）~

　物語を読んで人物や物事のつながり・関係を見いだすことが，思考を深めることにつながります。「モチモチの木」では豆太とじさまのつながりを出来事に沿って読んでいきます。まず，出来事と人物の言葉，行動を時系列に書き出し，整理します。次に，言葉や行動とそのわけを叙述に即して考え，登場人物のつながりを見つける学習です。

💡 思考スキルを支える学習活動

出来事と人物の言葉や行動のわけをシートにまとめよう

単元計画
【1次】本文を読み，さし絵を手がかりにしながら物語の大まかな流れをつかみ，学習のめあてを立てる。
【2次】出来事，じさまや豆太の言葉や行動を見つけ，二人のつながりや行動のわけが分かる情報をそれぞれカードに書き出す。
【3次】カードを一枚のシートに時系列にまとめ，行動のわけや豆太とじさまとのつながりを話し合う。　　　　　　　　　→ P.119参照
【4次】豆太とじさまのつながりについてまとめ，学習のよさを振り返る。

出来事と人物の言葉・行動をまとめる手立て

①「モチモチの木」のさし絵を手がかりにして出来事を見つけ，シートに書き出し，**シートの大枠を作る。**
②**じさまの言葉や行動を見つけ，カードに書き出す**（豆太とのつながりを示す情報）。
③**豆太の言葉や行動を見つけ，カードに書き出す**（じさまとのつながりや行動のわけを示す情報）。
④出来事を時系列に書き出した**シートにカードを張り付け**，整理してまとめる。
⑤まとめたシートを見て，行動のわけやじさまと豆太とのつながりを話し合う。

単元の解説Q&A

Q1 つながりを見つけるためには，どのようにすればよいですか？

「つながりを見つける力」を付けるためには，物語を読み，その人物同士のつながり，出来事と出来事の連続性，因果関係などを見つける言語活動を行うことが大切です。

つながりや関係を見つけるためには，まずつながりや関係の分かる情報を取り出します。人物同士のつながりを見つけるときは，それぞれの人物の言葉や行動を抜き出します。情報が多い場合は，その中からつながりや関係を見つけることのできる情報を選び出します。**特徴的な行動や言葉，変化を手がかりにして見つけていきます。**

さらに，それらの情報を整理し，考察することで，どのようにつながっているのか，どんな関係なのか，互いをどのように思っているのかなどを見つけ出します。**行動や言葉，変化のわけを考えることで，つながりや関係が見いだせる**のです。

Q2 「モチモチの木」でどんなつながりを読ませればよいのですか？

「モチモチの木」では，じさまと豆太のつながりを「じさまのはらいた」という出来事を通して明らかにすることが必要です。じさまが豆太を大切に思い育てていることを，「おくびょうまめた」「やい，木い」「霜月二十日のばん」の場面で明らかにします。「豆太は見た」の場面での豆太の行動の特徴や変化とそのわけを見つけていきます。泣き泣き走った豆太の行動のわけに焦点を当てて読み，**互いを思い合って生きている豆太とじさまの関係，つながりの深さ**を読み取らせます。

Q3 なぜ情報を一枚のシートに整理するのですか？

出来事や人物同士のつながりを見つけるためには，それぞれの情報を整理して一目で見渡せるようにすることが効果的です。出来事を時系列に整理し，縦軸とします。さらに，人物の言葉や行動を整理します。このときに必要な情報を選び出すことで分かりやすくまとめることができるでしょう。時系列に言葉や行動を挙げ，変化を見ます。

変化のきっかけになった出来事と結び付けて考えることで関係やつながりを見つけることができます。人物同士の関係が横軸となります。**一枚のシートに整理することで情報を比べたり結び付けたりという活動が容易になる**のです。

学習のキーポイント

出来事と人物の関係を明らかにする。

「モチモチの木」の出来事，人物の関係を時系列に整理すると，二人のつながりや関係が見えてきます。

	豆太		じさま	
おくびょう豆太	夜中には，じさまについていってもらわないとしょんべんもできない豆太	あまえている →	すぐに目をさましてくれるじさま とびうつりだってみごとにやってのける	物語の始まり紹介
やい、木ぃ	昼間はいばってさいそくするのに，夜はみっともない豆太	← かわいそうでかわいい	豆太をひざにかかえて「シイーッ」と言ってくれるじさま	さらに詳しく
霜月二十日のばん	モチモチの木を見たいがあきらめている豆太	勇気のある子どもになってほしい →	モチモチの木の話をするじさま	事件前のエピソード
豆太は見た	なきなきふもとの医者様へ走る豆太 モチモチの木に灯がついたのを見た豆太	← 大好きなじさまが死んでしまうのがこわい	急に腹が痛くなってうなるじさま	大きな事件
弱虫でも、やさしけりゃ	じさまが元気になると，そのばんからじさまを起こす豆太	やるときはやる豆太を喜ぶ →	やさしささえあればと話すじさま	物語の結末

このワークシートがおすすめ！

出来事・人物　見わたシート

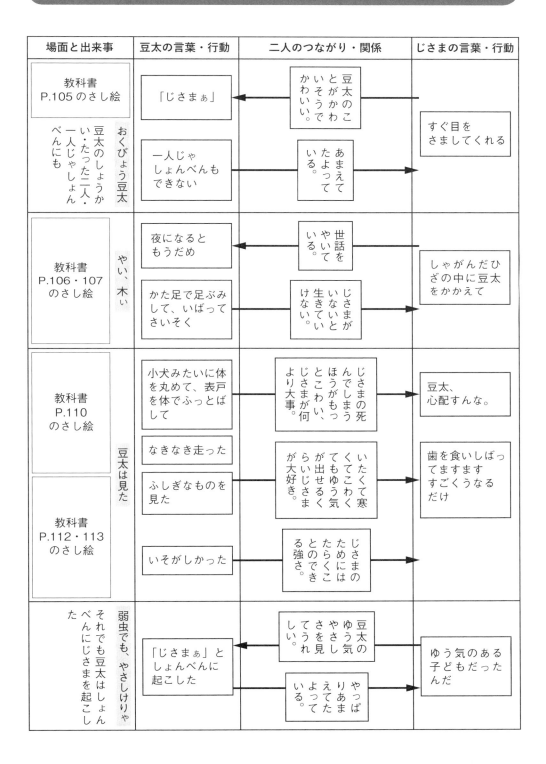

第Ⅲ章　「思考スキル」を育む実践事例

類別

「情報を整理する力」を身に付けるには？

～「心にのこったことを」（東書3年上）～

　教師であれば誰しも，「書く力」を身に付けさせたいと願います。「書く力」とは，読み手に伝わる文章を書く力です。二段階の手順を踏んで情報を整理すると，「書く力」の要となる「言いたいこと」を際立てることができます。まず，**書く前に情報を広げてみる**ことです。楽しかったことや驚いたこと，感動したことや嬉しかったことなどについて書き出します。その上で，**選択の基準をつくり，一番言いたいことを見つけます**。

　こうすると，情報の羅列だけではなく，まとまりや主張のある文章を組み立てる力を育てる学習になります。

💡 思考スキルを支える学習活動

一番言いたいことを見つけるために情報を広げ，整理しよう

単元計画
【1次】主張の一貫したよい文を知り，「伝えたいことの中心を見つけて文章を書く」という学習の見通しをもつ。
【2次】伝えたいことについて広げ，その中から伝えたいことの中心を焦点化する。文章の組み立てメモをつくり，文章を書く。　→ P.123 参照
【3次】書いた文章を推敲し，心に残ったことを伝える文章を書くことができたか，振り返る。

一番伝えたいことを決め，文章を組み立てる手立て

①観点に沿ってたくさん出来事を集め，**一番伝えたい出来事を選ぶ。**
　（情報集めの観点）・話がふくらむ・人のためになる・自分らしい・気付きがある
②伝えたい出来事の内容を**くわしく思い出す。**
③文章の効果的な**組み立てを考える。**
　（例）「軽い内容→深い内容」「知っている情報→知らない情報」「当たり前→意外」

単元の解説 Q&A

Q1 広げた項目を一つに焦点化する基準は、何ですか？

・話がふくらむ　・人のためになる　・自分らしい　・気付きがある

　このような心を揺さぶる項目を基準に焦点化すれば、深まりのある文章を書くことにつながります。特に「**そのエピソードを通して気付きがあるか**」という観点でエピソードを選ぶと、読み手を引き付ける文章を書けるようになります。

Q2 どうして書き出しの工夫が必要なのですか？

　小説家が物語を書く際に、一番力を入れるのが**書き出し**だと言われています。

　その理由は、冒頭で「面白い」と感じてもらうことが、読み進めてもらうためにとても重要だからです。例えば、太宰治の「走れメロス」は、「メロスは激怒した」から小説が始まります。すると読み手は一体何が起きたのかが気になり、読みたいと感じます。

　では、どのような工夫が効果的であるかというと、「今日私は、公園に行きました」のように始めるのではなく、「あれ？　何だろう。公園に着いた途端……」のようにすると、続きが気になるという効果が生まれます。

　意外性や非日常で、なぜそうなったかが気になるような書き出しが、効果的な工夫となります。

Q3 深まりのある文章になるよう指導するには、どうすればいいのですか？

　まず、「深まりのある文章」とは、どのような文章でしょうか。例えば、物事の見え方の変化が描かれている文章は、深まりがあると言えます。また、試行錯誤や失敗から、自分が気付いていなかったことに気付くというような文章もまた、深まりを備えています。**体験や根拠となる出来事や、きっかけとなった資料について述べたり、予想される反論と考えを述べたりすることで、説得力のある文となります。**また、深まりのある文とそうでない文を比較することや、よい文章に数多く触れることも効果的です。

第Ⅲ章　「思考スキル」を育む実践事例

学習のキーポイント

よい文の書き方を知り，心に残った出来事を伝える文章を目指そう。

○よい文の例

「だれだって、はじめは」

思考 太郎

　優君はなわとびがとくいです。二じゅうとびを何回もれんぞくでできます。ぼくはずっと「うらやましい」と感じてきました。なぜならぼくはなわとびがすごく苦手だからです。

　一学期、体育の時間になわとびをしましたが、ぼくはぜんぜんうまくとべませんでした。すぐに引っかかってしまいます。そんなときに優君の上手ななわとびを見ると「ぼくはなわとびに向いてない」と感じて、ますます落ちこんでいました。

　苦手と感じていたので、ぼくはなわとびをしようとしませんでした。家でお母さんに「なわとびを練習しなさい」と言われても、「向いてないからいい」と言ってぜんぜん練習しませんでした。

　夏休みの7月26日に三角公園で優君が、優君のお父さんと野球の練習をしているのを見ました。お父さんがバットでボールを打って優君がグローブで受けるのですが、しょっちゅうしっぱいしています。それを見て、優君にも苦手なものがあるのだな、と意外な感じがしました。

［時］［場所］［人］［物］

　でも、8月10日に、また優君とお父さんが野球の練習をしているのを見ると、このときはすごく上手にキャッチしていました。それを見たとき、ぼくは「あっ！」と気づきました。もしかすると、一学期にあんなになわとびのうまかった優君も、はじめは上手ではなかったのかもしれません。でも、練習をすることで、何回もれんぞくで二重とびをできるくらいに上手になったのかもしれません。

　上手な人もはじめから上手だったわけでないと気づいてからは、何をするときにも練習は大事だと考えるようになりました。なわとびは、ずっと練習していません。なわとびは、ずっと練習しています。つづけていると、前よりもたくさんとべるようになりました。もっとつづけて、もっととべるようになりたいです。

［やり方］［理由］［気づき］

この部分をふくらませることで、心に残った出来事が伝わる文章になる。

このワークシートがおすすめ！

広げて しぼって ふくらまシート

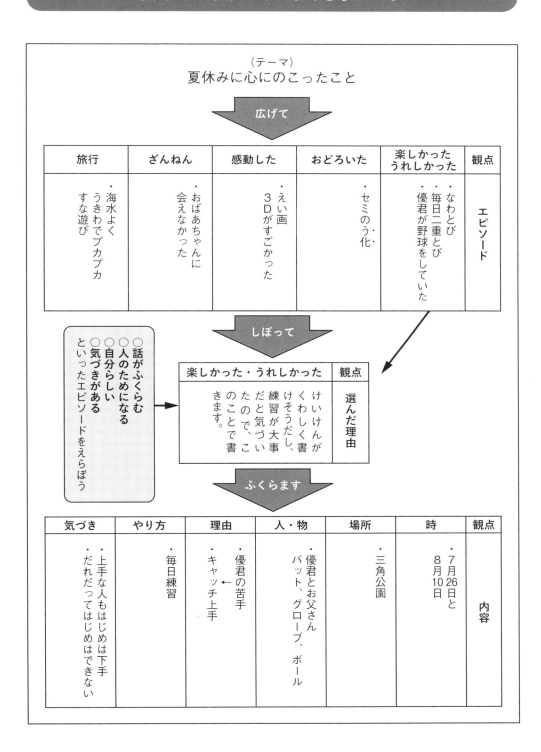

> 類 別

「分類する力」を身に付けるには？

～「心の動きを伝えよう」（東書4年上）～

　　自分の気持ちを表現するためには，たくさんある言葉の中から適切な言葉を選ぶ必要があります。その際に，言葉を分類する力が欠かせません。

　　本単元では，数多くある心の動きを表す**言葉を集め，分類します**。そうすることで，微妙な意味の違いを確かめ，より**ふさわしい言葉を選んで**自分の気持ちを伝えることができるようになります。

　　自分の気持ちを的確に伝える学習を通して，言葉を分類する力を育てる学習です。

💡 思考スキルを支える学習活動

「心の動き」をぴったりな言葉で伝えよう

単元計画
【1次】本などから，気持ちを表す言葉を集め，辞書で意味を確かめる。
【2次】集めた言葉を仲間分けする。　　　　　　　　　　　→ P.127 参照
【3次】心に残った出来事について，集めた言葉を使って作文をする。

「心の動き」を伝えるための手立て

①気持ちを表す**言葉を集める**。
②集めた**言葉を仲間分けする**。
③集めた言葉の中から自分の心の動きに**ふさわしい言葉を選び**，文章を書く。

単元の解説 Q&A

Q1 気持ちを表す言葉をどのようにして集めるのですか？

体験したことや本から，気持ちを具体的に表す言葉を集めていきます。

例えば，体験したことのうち，心に残った出来事を取り上げ，心や体がどのように変化したのかを思い出して書き出します。また，物語などの本であれば，人物の気持ちを表す言葉を探し，書き出します。他に，辞書なども活用できます。**体験したことや本などを手がかりにすることで**，気持ちを表す言葉をどんどん集めることができるでしょう。

Q2 どのようにして，集めた言葉を仲間分けするのですか？

観点をつくり，言葉を仲間分けします。

まず，**意味の似ている言葉を集めてグループをつくらせます**。そうすることで，子どもたちは一つ一つの言葉の具体的な意味を確かめることができます。

次に，**グループの名前を考えさせます**。そうすることで，どのような点で似ているのか，観点をはっきりとさせることができます。

この活動を繰り返すことによって，集めた言葉を仲間分けすることができます。観点としては「喜」「怒」「哀」「楽」「驚」「焦」などが考えられます。実態によっては，観点をあらかじめ，子どもに提示しておいてもよいでしょう。

この仲間分けを通して，観点をもとに，一つ一つの言葉の特徴をとらえ，整理するという分類の力が付くのです。

ここでは，集めた言葉を仲間分けするためにワークシートを用います。（→ P.127 参照）

Q3 なぜ，作文をするのですか？

集めた言葉を仲間分けするだけでは，本当に，正確に言葉の特徴をとらえられたかどうか確かめることができません。**実際の文章の中で，自分の感じたことをふさわしい言葉を選び，表すことによって，仲間分けの仕方が妥当であったか確かめることができるのです。**

作文をすることを通して，分類がより確かなものになるでしょう。

学習のキーポイント

観点をつくり，集めた言葉を分ける。

ア　国語の教科書から

チェロは、しょんぼりとして言いました。こわれているのに、こわれてしまった。

イ　辞書から

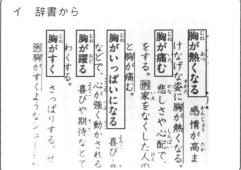

ウ　自分で考えて

きんちょうする
しんぞうの動きがはやくなって手と足がふるえる。
にげ出したいほどきんちょうする。
手にあせが出るほどそわそわする。
顔が真青になるほどきんちょうする。
カチカチにこおって動けなほどきんちょうする

エ　読書活動から

　読書をする度に「今日見つけた，気持ちを表す言葉」を交流し，言葉集めをした。
　次第に，休み時間の読書や家庭での読書からも進んで見つけるようになった。
(例)　顔から火が出る
　　　天にものぼりそう　など

分類

子どもたちが生み出した分類の観点

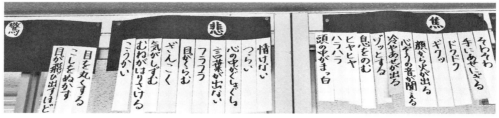

このワークシートがおすすめ！

気持ち分類・整理シート

> 気持ちを表す言葉を観点ごとに分類して，整理する。

観点	喜	悲	驚	焦	その他（わからない）
「気持ちを表す言葉」	・心がはずむ ・キラキラした顔 ・ほこらしい ・不安な気持ちがスルスルほどけていく	・なさけない ・心の中がぐしょぐしょ ・言葉が出ない ・気がしずむ	・そわそわする ・こしをぬかす ・目が飛び出すほど	・そわそわ ・手にあせにぎる ・ドクドク ・冷やあせが出る	・はらが立つ ・はらわたがにえくりかえる ・むねがつっかえる ・鼻の下がのびる
	・天にものぼりそう ・目をキラキラさせる	・むねがはりさける ・こうかいする		・ゾッとする ・息をのむ ・ハラハラ	

> 伝えたい心の動きを表現するときに，表に整理した「気持ちを表す言葉」からぴったりの言葉を選んで文章を書く。

類別

「図で考える力」を身に付けるには？

～「目的や形式に合わせて書こう」（東書4年下）～

　単元「目的や形式に合わせて書こう」は「何のために」「どのように」を考えて文章表現することをねらいとするものです。ここでは「ボーン図」を活用して，子どもたちが「防災のためのそなえをポスター形式で伝える」活動を紹介します。

　ボーン図とは，問題解決の筋道を目に見える形にした「思考ツール」です。この図では，「何のために」「どのように」が図の中で位置付けられています。したがって「**ボーン図」に書き込むことで，目的に合わせて，情報を整理し，見出しを付け，ポスターの構成を決めることができる**のです。

　<u>「ボーン図」をもとにして適切な文章を書く力を育てる学習</u>です。

💡 思考スキルを支える学習活動

災害にそなえるために必要な情報を整理して，友達や家族にポスターで伝えよう

単元計画
【1次】学習への見通しをもち，災害へのそなえについて，主張や目的をとらえる。
【2次】主張，目的，伝える項目を「ボーン図」に書いて整理する。さらに，必要な情報を資料から調べ「ボーン図」に書き込む。　→ P.131参照
【3次】「ボーン図」をもとにポスターを書き，友達と読み合う。

「ボーン図」を使ってポスターの構成を考える手立て

①災害へのそなえについて「**最も伝えたいこと（主張）**」「**伝えた相手に『こうなってほしいと』思うこと（目的）**」を「ボーン図」の両端に書く。
②主張と目的に応じて，「**伝えたい項目**」を決めて「ボーン図」に書く。
③「伝えたい項目」の**具体的な内容**を資料から調べ，「ボーン図」に書き込む。

単元の解説 Q&A

Q1 「ボーン図」とはどのようなものですか？

　「ボーン図」は，問題解決への筋道を書くために効果的な思考ツールです。本単元では，下の図のような「伝える目的」と「主張」を両端に位置付けた図を活用します。図では「頭」と「尾」に当たるところです。こうすることで，**情報の収集，整理などの段階でもつねに目的を意識し続けることができるのです。**

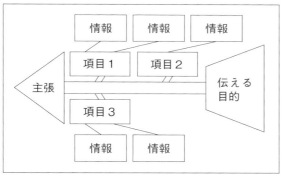

本単元で活用するボーン図

　さらに「目的」と「主張」を結ぶ「背骨」に「伝えたい項目」や調べた情報を位置付けていきます。こうすることで，構成を一目でとらえることができます。

Q2 ボーン図をもとにポスターを書く段階では，どのように子どもの活動を支援しますか？

　ポスターでは，例えば下の図のような形式で，伝えたいことについて書きます。上の「ボーン図」で書いた「項目1～3」は，ポスターの「見出し1～3」に対応します。また，**主張点は主に「題」「まとめ」に反映されます。本文および「資料または絵」は，ボーン図に位置付けた「情報」を詳しく書いたものです。**このように，ポスターとボーン図の対応をとらえておけば，活動が容易になります。

　さらに「ボーン図」は，書いたポスターの「自己評価」にも生かすことができます。「ボーン図」とポスターを見比べながら「ポスターの題やまとめは，自分の主張に沿ったものか」「必要な情報を落としていないか」「全体として伝えたい目的を達成できているか」と考えていくのです。

ポスター形式でまとめる（例）

第Ⅲ章 「思考スキル」を育む実践事例

学習のキーポイント

「ボーン図」で，目的と主張に沿って情報を整理する。

「伝える目的」と「伝えたいこと」をはっきりさせよう。

ポスターを読んだ人に「こうなってほしい」「このことに気付いてほしい」という考えが，あなたの「伝える目的」です。

地震などの災害が起こってもみんなが無事でいられるように，家族みんなで「ふだんからできる」ことを考えたい。

その場合「災害にそなえて，ふだんからできることを考えよう」が「最も伝えたいこと」になるね。

伝えたい項目を決めてボーン図に書こう。

（例）最も伝えたいこと：「災害にそなえてできることを普段から考えよう」の場合

関連しそうな事柄

・準備しておくもの　・家族で決めておくこと　・ふだんから身に付けておくこと
・家族みんなが知っていなければいけないこと（避難場所など）
・どうやって連絡を取り合うか

(1)「最も伝えたいこと」に関連しそうな事柄をメモに書き出す。

(2) 書き出した事柄のうち「目的」と「主張」に即した項目を選び，ボーン図に書く。

〈例〉最も伝えたいこと：「災害にそなえてできることを普段から考えよう」の場合
・「家族みんな」に関係する項目を選ぼう。
　（例えば「学校での避難の仕方」は重要だが主に自分だけに関わる）
・その項目に即して，さらに詳しく調べたり考えたりできるものを選ぼう。
　（例えば，災害時に家に置いておくものについては，資料で調べておく必要がある）

このワークシートがおすすめ！
「目的」と「主張」に沿って情報を整理する「ボーン図」

〇ボーン図で伝える内容を整理しよう。
（1）伝える「目的」と「主張」を書こう。
　　目的＝読む人（家族，自分）に「こうなってほしい」「こんなことに気付いてほしい」
　　　　　という考え
　　主張＝いちばん伝えたいこと
（2）伝えたい項目を選び，ボーン図に書こう。
（3）伝えたい項目にそって，情報を調べ，ボーン図に書こう。

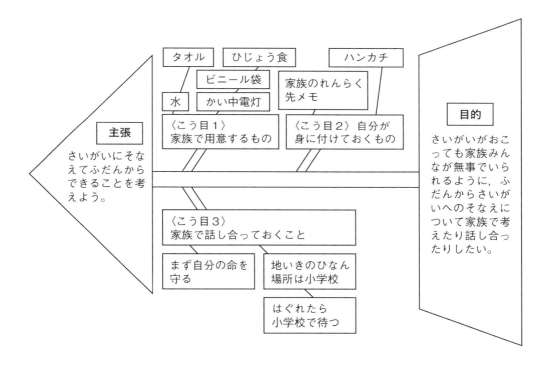

〇ボーン図をもとにしてポスターを書こう。
　・ポスターに書いた「題」と「まとめ」を，ボーン図の「目的」「主張」と比べよう。

> 課題解決

「計画する力」を身に付けるには？

～「問題を解決するために話し合おう」（東書6年）～

　物事を達成するためには「計画する力」が欠かせません。本単元では，生活の中にある問題を解決するために計画を立てて話し合います。

　計画的に話し合うためには，「**司会**」「**記録係**」「**提案者**」「**発言者**」などの役割を分担することが大切です。「**司会**」「**記録係**」「**提案者**」「**発言者**」それぞれが，どのような役割を果たすことで問題を解決できるかを考えることで「計画する力」が身に付きます。

　身の回りの問題を自ら解決する力を育てる学習です。

💡 思考スキルを支える学習活動

それぞれの役割を考えて計画を立てよう

単元計画
【1次】クラスで話し合いたい問題を見つけ，その理由を話し合う。
【2次】「司会」「記録係」「提案者」「発言者」それぞれの役割を考える。
【3次】話し合いの計画を立て，実際に役割分担をして話し合う。

→ P.135 参照

それぞれの役割を考えて計画を立てる手立て

①自分たちの生活を振り返り，**どんな問題があるか**考える。
②話し合いをうまく進めるに，「**司会**」「**記録係**」「**提案者**」「**発言者**」それぞれの役割を考える。
③問題を解決できるように，**話し合いの計画**を立てる。

単元の解説 Q&A

Q1 なぜ,それぞれの役割を考えるのですか?

　本単元の話し合いの目的は,参加者全員が納得できる「まとめ」を見いだすことです。意見の違いを明確にして,相手を納得させるために工夫していくディベートとは大きく違います。最終的にみんなが納得するためには,司会は何が問題になっているかを整理する必要があります。記録係は,最後の「まとめ」をみんな納得できるように発表する必要があります。提案者は,問題をなぜ解決したいのか分かりやすく説明する必要があります。何より発言者には,相手の発言の意図を十分にくみ取ったうえで,自分の意見を的確に伝える責任があります。

　一人一人が自分の役割を意識して話し合いに臨むことで,参加者全員が納得できる「まとめ」が見えてくるのです。

Q2 どのようにして話し合いの計画を立てるのですか?

　まず教材文を読み,話し合いの進め方を確認しましょう。確認した内容をワークシートに整理し,全員に配布します。ワークシートに必要なことを書き込みながら計画を立てていきます。大切なことは**自分の役割以外のことも十分に意識させること**です。

　全員が話し合い全体の見通しをもてるようにします。　　　　　　　　　　（→ P.135 参照）

Q3 どうすれば発言がとぎれることのない話し合いになりますか?

　発言者には,最初に発言する内容を具体的に用意させましょう。自分の考えをワークシートに書き込んでおくことで安心して話し合いに参加できることができます。

　相手の発言の意図をとらえたうえで,その発言に賛成なのか反対なのかを考えながら聞くことを日々,意識させることも重要です。「～さんに似ていて（違って）」というように,意見がつながるように授業しましょう。

　司会者には発言を整理して,次に話し合うことをはっきりさせる役割があります。事前にどのような発言が出るかを予想し,どんなことが論点になるかを想定させておきます。このように考えることが「計画する力」を養うことにつながるのです。

学習のキーポイント

それぞれの役割を考えて計画を立てる。

話し合いの流れ（例）

①問題を確かめる

議題『係活動を活発にするにはどうすればよいか。』

問題
・今月、まったく活動できていない係活動がある

○司会の役割
・話し合いの進め方や約束を確認する。議題について全員が理解したか確かめる。

□提案者の役割
・解決したいことと、その理由を分かりやすく説明する。

②問題の原因を考える

問題の原因
・学習の準備や委員会活動といった理由で活動する時間が十分にない
・自分が担当している以外の係に関心がもてていない

○司会の役割
・出てきた意見を整理する。問題が何点あるのかを明確にして、それぞれについて解決する方法を求める。

△発言者の役割
・自分の考えと比べながら他の人の意見を聞く。自分の考えに近い意見に続けて発表する。

③原因ごとに問題を解決する方法を考える

問題を解決する方法
・一斉に係活動をする時間をとる
・係活動お知らせコーナーをつくる
・それぞれの係にやってほしいことをアンケート調査する
・よく活動した係を表彰する

○司会の役割
・原因ごとに意見を求める。意見の共通点や相違点をまとめて伝える。はじめに確認した約束に照らして意見を整理する。

△発言者の役割
・相手の意見に反対する際は、必ずそれに代わる案も述べるようにする。

④意見をまとめる

意見をまとめる
・週に一回、業間休みを係活動の時間にあてる
・おわりの会で「係からの連絡」を伝える時間をとる

◇記録者の役割
・話し合いで決まったことを整理して伝える。

このワークシートがおすすめ！

話し合い見通シート

① 問題を確かめる	今から話し合いを始めます。私は司会の（　　　）です。 今日の議題は『　　　　　　　　　　　　　　　　　　　　　』です。 この議題について提案理由を（　　　）さんに説明してもらいます。 「　　　　　　　　　　　　　　　　　　　　　　　　　」 今の（　　　）さんの説明について質問や意見はありませんか？　なければ，話し合いの進め方について確認します。まず，問題の原因について話し合います。時間は10分間です。次に原因ごとに問題を解決する方法について考えます。時間は15分間です。最後に意見をまとめます。時間は5分間です。 意見を述べる際には，できるだけ自分の考えに近い意見に続いてください。反対するときは，それに代わる意見を述べるようにしてください。似ている意見が何人も続いて，特に反対や問題点がない場合は，その意見を採用していきます。
② 問題の原因を考える	それでは話し合いを進めていきます。どんなことが原因だと思いますか？ 意見を出して言ってください。 （自分の考え・予想される考え） ここまで出た意見を整理します。原因は大きく（　　）つに分けられます。 一つ目は 二つ目は
③ 原因ごとに問題を解決する方法を考える	次に，これらの原因ごとに，問題を解決するために自分たちができることを考えていきましょう。一つ目の原因である〜について意見を出して言ってください。 では，二つ目の原因である〜について意見を出して言ってください。 （自分の考え・予想される考え）
④ 意見をまとめる	それでは，今日の話し合いをまとめます。記録係の（　　　　）さんに今日，決まったことを発表してもらいます。 （　　　）さん，ありがとうございました。提案者の（　　　）さんいかがですか？ これで，今日の話し合いを終わります。

第Ⅲ章 「思考スキル」を育む実践事例

> **課題解決**
>
> # 「ゴールから考える力」を身に付けるには？
>
> 〜「海のいのち」（東書6年）〜

　物事のゴールを明らかにしてから，そのゴールに至る道筋を考えるという思考は，課題解決に向けてとても大切です。

　物語の山場では，登場人物の生き方や考え方が大きく変化します。それは，人物に影響を与えるものと向き合う場面だからです。その山場の変化を先に読んで「なぜ，そのような変化が起こったのか」という課題をもって物語を読む方法があります。**ゴールである山場の変化を学習後，設定部分の人物像がどのように変化していくかを読み取っていきます。**

　本単元では，最初に山場部分をとらえる学習を行うことで，「ゴールから考える力」を身に付ける学習を行います。

💡 **思考スキルを支える学習活動**

登場人物の変化点を探そう

単元計画
【1次】物語を読み，一番心に残った部分の感想をまとめる。
【2次】人物変化カードを用いて，山場の変化点はどこか，なぜ変化したか
　　　（理由）を考え，自分の考えを整理する。　　　　　→ P.139 参照
【3次】人物の生き方や考え方を，変化点を使って交流する。（評価）

登場人物の変化点を探すための手立て

①**物語の山場**を探す。
②山場における人物の**最も大きな変化**を探す。
③**大きな変化が起きた理由**を探す。
④**人物の生き方を表す言葉**を探す。

単元の解説 Q&A

Q1　なぜ山場部分から授業を行うのですか？

　山場部分は，中心人物の心情の変化が見られるため，読み手が一番心動かされる場面であるからです。物語を読んだ直後に子どもの感想が集中します。

　そこで，**一場面から順に場面読みをせずに，全文読みを行います**。子どもの興味・関心を大切にするのです。どこで心情や行動が変化したかを一人学習で探してから，交流します。中心人物が出会いや出来事を通して成長する場面はたくさんあります。全文からその一番大きな変化である変化点を探して交流することで，物語の主題に迫っていけます。

Q2　人物の変化点をどのように見つけていくのですか？

　まず，山場がどこかを見つけます。その次に，どの言葉や文章で登場人物が変化したといえるか，抜き出し作業を行い，その文章に理由又は自分の読みを書き込んでいきます。最後に今日，見つけた言葉や文章が一体どういった言葉なのか仲間分けを行います。こうすることで，子どもたち自身がどんな言葉に注目すべきかを理解し，整理することができます。

　上に書いたノートをもとに，**人物変化カードでさらに言葉や文章を選んで変化点を絞り込んでいきます**。このとき，一人一人読みの解釈が違っています。変化の理由をどう読むかは個人にゆだねられているので，その読みが書けるように，本文と考えを書く場所は分けておきます。　　　　　　　　　　　　　（→ノート例 P.138，ワークシート P.139 参照）

Q3　子どもたちが見つけた変化点をどのように評価しますか？

　子どもたちは一人学習で自分の見つけた変化点について，他者の意見が聞きたくなります。しかし，すぐに全体交流を行うと，それぞれの子どもたちの見つけた変化点の違いなどを十分吟味して評価することが難しくなります。

　そこで，全員に付箋を持たせて「人物変化カード」を1対1で読み，会話もしながら，**付箋に変化点とその理由についての評価を書き，カードの裏に貼る**ようにします。**考え方の違いを受け止め，具体的に評価し合う方法**として効果があります。

　よく伝わった部分などを指導者が評価しやすいよさもあります。

学習のキーポイント

変化点につながる言葉や文が，どんなものであるか分析させる。

一人学習で見つける登場人物の変化点

登場人物の変化点
文章や言葉を抜き出し、なぜそう思ったか理由を書き込ませる

（ノート：「海のいのち」教材の分析メモ）

主な書き込み内容：
- あて太一の変化点が見える文や言葉を出しながら、変化点を見つけよう。
- ㉕太一は鼻づらに向かってもりをつき出す
- ㉔永遠にここにいられる
- そう大きな音楽を聞いてとうとう父の海にやってきた →夢・目標
- ㉓不意に夢が実現するものだ
- ㉔興奮していながら太一は冷静だった。確実にとる？
- ㉓ひとみは黒いしんじゅ → いいもの
- ⑤緑色の目を見た 不気味
- ㉕仕返し
- この大漁は自分に殺されてるクエも知っていると思う。
- 本当の一人前の漁師にはなれないのだと、太一は泣きそうになりながら思う。
- もりをつき出しても、まったく動こうとはせず、太一を見ていたクエの、おだやかな目だった。
- 自分に殺されたがっているのだと太一は思った。

どんな言葉や文から登場人物の変化点を探したか自分の言葉で分析させる
①会話 ②行動 ③クエの目 ④クエの呼び名
⑤漁師としての生き方（本当の一人前の漁師）

（ノート：分析メモ）
- ふり返り
- 今日は、太一の変化を、文や言葉から見つけ、交流しました。
- ①太一の変化は、会話や行動だけではなく、クエの目の色からも分かりました。
- ②太一の気持ちがあるから、これるから、いい表現の仕方だから、そこから心の変化が分かっているから、ないのか分かるようにしたいです。
- ㉖クエに向かってもう一度笑顔を作った。「おとう、ここにおられたのですか。また会いに来ますから」
- もりの刃先を足の方にどけ、もう一度えがおを作った。おだやか ほほえみ 父とかさなった。
- 水の中で太一はふっとほほえみ、口から銀のあぶくを出した。

- クエ→瀬の主→大魚→海のいのち
- 言い方がかわってる

このワークシートがおすすめ！

人物変化カード

変化後 ← **変化点** ← **変化前** ← 作品名

- 本文 ← 本文のどの言葉が変化したしゅん間かをとらえる ← 本文 ← （　）変化カード
- 自分の読み（キーワード）
- 気持ちが大きく変化した理由（複数）
- 自分の読み（キーワード）

↓ 活用

活用例：「海のいのち」 12/15 太一の変化カード

本文の言葉、文章／自分の読み

変化前 ㋐「与吉じいさは、太一の父が死んだ瀬に毎日一本づりに行っている漁師だった。」
- 太一は、父をクエにうばわれ、父と一緒に海に出るという夢を断たれた。その怒りをクエを殺すことではらす為与吉じいさの所を訪ねた。
- **不安定**

変化点 ㋑「太一は泣きそうになりながら思う。」㋒「もりの刃先を足の方にどけ、ひとり。」
- 太一の中でのれた気持ちをするべきという自分の悲しみと、与吉じいさの言葉から罪悪感が底にうった物クエを殺す為の道具であるもりを、いさの大きなえいきょうを受け重かった。複雑。

変化後 ㋓「太一は村一番の漁師であり続けた。」
- 父や与吉じいさからの学びにより、太一は村一番の漁師であり続けた。生がいを過ごせた。つまり
- **精神技術　安定**　**クエを殺さない**

第Ⅲ章 「思考スキル」を育む実践事例

> 課題解決

「推敲する力」を身に付けるには？

～「資料を生かして考えたことを書こう」（東書5年）～

　文章を書き上げたとき，本人は考えを伝える文章がうまく書けたと感じているのに，読み手には伝わらないということがあります。
　その**文章が伝わりやすいかどうかは，他者の判断を通して初めてはっきりします**。ですから，読み手に伝わる文章に改善するためには，**他者の評価を生かす**ことが必要です。
　本単元は，相互評価によって推敲する力を育てる学習です。

💡 思考スキルを支える学習活動

書いた文章を，他者の評価を通じて
効果的な文章に書き直そう

単元計画
【1次】資料を読み取り，主張を決め，文章化してポスターを完成させるという学習課題をもつ。
【2次】資料の読み取り方の観点を知り，主張を裏付ける資料の情報を集め整理する。
【3次】教科書に文章を書き入れ，友達と効果的な文章を書くことができたか振り返り，書き直す。　　　　　　　　　　　　　　→ P.143参照
【4次】完成したポスターを読み合い，よさを伝え合う。

効果的な文章を組み立てる手立て

①**一番伝えたい主張を一つ決め**，主張を裏付ける資料の選択と，情報の読み取りをする（題　キャプション　総量や割合　全体の傾向　数や量が他と違うところ）。
②**主張に沿って文章を書く**（要約・事実と感想・意見の違い・簡単―詳しく）。
③文章の**よい点・改善点を相互評価し，推敲する**（改善点：間違った資料の読み取り　無駄な情報　構成　見出しと文の不対応）。

単元の解説 Q&A

Q1 資料はどのように読み取らせればいいのですか？

はじめに題や図の説明（キャプション）から「何についての資料か」を読み取ります。同時に「どこに載っていた資料なのか」「いつ作られたものなのか」も確かめます。次に，写真であれば，「何が撮られているか」「どこで撮られた写真か」「**どのようなことを伝えたい写真か**」について考えるとよいでしょう。グラフや表などの数値を用いた資料であれば，「どれだけを占めるのか（**割合**）」「どのように変化しているか（**傾向**）」に着目して，資料の中にどのような情報があるのかをチェックします。

読み取ったことを文章に書く際には，**伝えたい主張を決めた上で，主張に関連する情報を絞り込んで，それを文章化すること**が大切です。

Q2 文章は，どのように相互評価させるのですか？

例えば次のページの「友だちとレベルアップシート」を用いると便利です。
各行の項目は**文章を評価する際に注目する観点**を表しています。
①数値や順序に間違いがないか
②主張に必要な情報か
③情報の羅列になっていないか
④見出しが文章の要点と一致しているか
⑤主張が伝わるか
などを確かめます。

全体的な内容を見た後で，最後に誤字脱字を探すようにすれば，そのつどの作業に集中できます。

Q3 相互評価を活かして書き直すには，どのように指導すればいいですか。

子どもは自分の書いた文章に固執する傾向があります。そこで文章を書くことの目的を自覚できるようにします。ここでは「文章を書く目的＝人に伝える」という点を強調し，**"人にとって分かりやすい"という他者の目線の大切さ**に気付かせます。そうすれば意固地にならず，受け入れ・取り入れる姿勢が育ちます。

他者の意見を踏まえて自分の文章を直すという作業に不慣れな児童がいる場合には，直す前の文章と直した後の文章を比較した，次のページにあげた推敲の例を見せます。**他者の意見をうまく取り入れている事例を見ることによって，相互評価を活かした推敲の仕方が具体的に身に付く**でしょう。

学習のキーポイント

友達のアドバイスを生かし，よりよい文章に改善しよう。

BEFORE

海岸に，1年間で21199kgのごみが！

　みなさんは，海岸や河原の清そう活動に参加したことはありますか？
　たくさんの軽いごみが，水にういて打ちよせてくるので，なんと40779人もの人が，回収作業に参加しているのです。1年間に回収されたごみの量は，21199kgもありました。これは，ごみ収集車10台分です。
　私は，だめだなと思いました。みんなが本気になって海岸を守らないと，ごみだらけになってしまうし，たくさんの人の手が必要だからです。

教科書
P.99の資料（3）

友達と
レベルアップシート

AFTER

収集車10台分のごみが努力で減らせる！

　水辺のごみが，どれだけ打ち寄せるのかというと，1年間でごみ収集車10台分の21199kgにもなります。
　環境省によれば，人が1日に1人あたり家庭から出すごみの量が765gです。計算すると，1年間に出る家庭ごみ20件分もの大量のごみが，水辺に打ち寄せられていることになります。
　これらのごみは，私たち一人一人が捨てる場所をいいかげんにせず，きまりを守ってごみを捨てれば，ふせぐことができるはずです。

教科書
P.99の資料（3）

このワークシートがおすすめ！

友だちとレベルアップシート

9月10日 名前 思考 花子

　このワークシートは、自分が書いた文章を友達に読んでもらって、よい文章に直し、レベルアップさせるためのものです。
　友達に自分の文章を読んでもらうのは、ちょっとはずかしいかもしれませんね。
　文章のプロは、いったん書いた文章を、長い時間をかけて推敲（すいこう）します。はじめに書く時間よりも、推敲する時間のほうが長いのがふつうです。そして、推敲するときには、他人の目線で原稿を読み返すことが大事です。
　友達に読んでもらい、より説得力のある文章にレベルアップさせましょう。

観点	難易度◎○△	アドバイス
①資料の情報を正しく読み取っているか	○	数は正しい。ごみは、海岸だけではなく、河原もふくむ。
②むだな情報はないか（主張との関係）	△	「軽いごみ」は、いらないと思う。
③構成が工夫されているか	○	書き出しがよびかけになっているのがよい。文の順番は、入れかえた方がいい。
④見出しと文が、ずれていないか	△	見出しと文が、ずれている。ごみの量についてなのか回収作業の人数なのか。
⑤全体として分かりやすい文章になっているか	△	どちらについて言いたい文章なのかが、わかりにくい。
⑥誤字・脱字、句読点の使い方が適切か	◎	正しい。
⑦他の記事とのバランス	△	ポスター全体の「決まりを守ってごみをすてよう」とのバランスが悪い。

第Ⅲ章　「思考スキル」を育む実践事例

> 課題解決

「論文を書く力」を身に付けるには？

～「イースター島にはなぜ森林がないのか」（東書6年）～

　論文を書くためには，まず自分の考えを明確にもつことが必要です。その考えを主張するためにどのような文章構成にするかを考え，その構成に沿って書き進めます。最後に読み返し，主張が明確に伝わる文章になっているか校正し，仕上げていきます。
　本単元は，主張が伝わるように論文を書く力を育てる学習です。

💡 思考スキルを支える学習活動

主張点を効果的に伝える文章構成を考えよう

単元計画
【1次】「イースター島にはなぜ森林がないのか」を読み，筆者の主張と述べ方のよさを見つける。
【2次】環境問題について資料調べをし，自分が主張したいことを見つける。
　　　　主張点に合わせて効果的な文章構成を考える。
　　　　具体例を挙げながら論文を書く。　　　　　　　　→（P.147参照）
【3次】論文をペアで読み合い，校正の観点に従って校正する。

文章構成を考える手立て

①教材文を読み，筆者の主張や文章構成のよさを見つける。
②主張したいことと主張点に合わせた文章構成を考える。
③具体例を挙げながら論文を書く。
④書いた文を主張点に照らして校正する。

単元の解説 Q&A

Q1 筆者の主張点や文章構成のよさはどのようにして見つけますか？

　筆者の主張と述べ方のよさを関連付けて見つけていきます。具体的には，「筆者はイースター島に森林がない原因についてどんな例を挙げていますか」という発問で話し合わせます。
　・まずラットの例を挙げて，森林が再生されなかった原因につないでいます。
　・森林を切り開いた例を三つ挙げ，整理して述べています。
　・一番印象的なモアイ像の例を最後に詳しく挙げて印象付けています。
　このようにして，**筆者の主張点と筆者の書き方の工夫を関連付けながら話し合い，共通理解していきます。**

Q2 主張を効果的に伝える文章構成とはどのような構成ですか？

　本単元では，事実を述べてから具体例を挙げ，最後に考えをまとめて書く書き方を指導します。まず書きたいテーマに沿って資料を集めさせます。次に自分の書きたい主張点に従い，教材文で見つけた文章構成の要素を取り入れたワークシートに書きたいことを整理します。
（P.147 参照）

Q3 相互評価を活かして書き直すには，どのように指導すればいいですか？

　校正は，めあてに沿って文章が書けているかを点検し，振り返る場です。
　①主張点とその理由を明確に挙げているか。
　②具体例は主張点に合っているか。
　などの観点については，まず子どもたちに見つけさせ，話し合う中で共通理解してポイントを押さえます。めあての「主張点をはっきりさせて論文を書こう」に立ち返るよう助言することが効果的でしょう。

学習のキーポイント

教材文の文章構成を手がかりに，集めた情報を選択し，自分の意見を構成する。

「イースター島にはなぜ森林がないのか」文章構成図

主張したいこと
　人類の存続のために，正しく自然を利用し，健全な生態系を維持しなければならない。

序論　つかみ　現状
　　イースター島の紹介と森林が消えた事実

教科書
P.35の地図

本論　原因
イースター島の森林はなぜ，どのようにして森林が失われたのか

（理由・状況　具体例①）
・ラットの影響

（具体例②）
・森林ばっさいの①
・農地開墾と丸木舟

（具体例③）
・森林ばっさいの②
・モアイ像を運ぶ

教科書
P.37の写真

結論　現状と考察・今後に向けて
・森林破壊による深刻な影響
・イースター島の歴史から学ぶべきこと
・今後の人類の存続に向けて

このワークシートがおすすめ！

文章構成分析シート

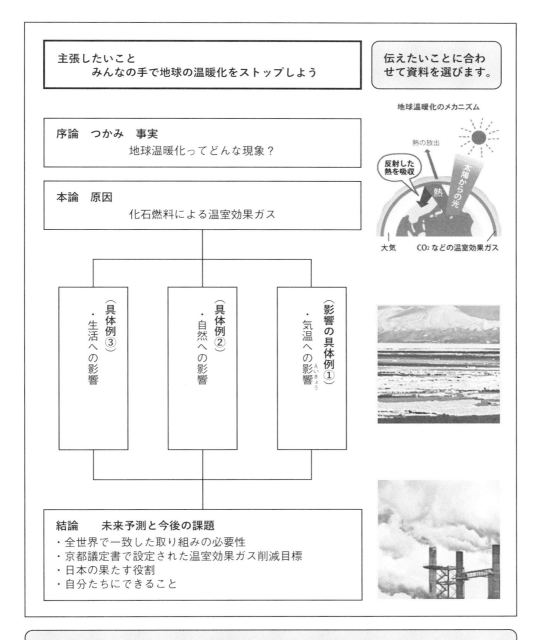

主張したいこと
　　みんなの手で地球の温暖化をストップしよう

伝えたいことに合わせて資料を選びます。

序論　つかみ　事実
　　　地球温暖化ってどんな現象？

本論　原因
　　　化石燃料による温室効果ガス

（影響の具体例①）
・気温への影響

（具体例②）
・自然への影響

（具体例③）
・生活への影響

結論　未来予測と今後の課題
・全世界で一致した取り組みの必要性
・京都議定書で設定された温室効果ガス削減目標
・日本の果たす役割
・自分たちにできること

文章構成が決まったら，それぞれの項目について詳しく書いていきます。特に本論では，具体例を挙げると有効です。写真や図などの補助資料を付けて，分かりやすく説明しましょう。

推論

「仮説を立てる力」を身に付けるには？

～「町の幸福論」（東書6年）～

「推論によって未来をイメージし，それに向かって具体的に行動する」という方法は，目標を達成するためにとても大切です。特に，**仮説を立てて情報を集め，聞き手に仮説を納得させる力**は，これからの社会生活に役立ちます。

本単元では，「この提案を実践すれば，自分の住む地域がもっと人と人とがつながる町になっているはずだ」という仮説を立てることから学習が始まります。

プレゼンテーションをする過程で「仮説を立てる力」を育てる学習です。

思考スキルを支える学習活動

自分の住む地域をよりよくするためのプレゼンテーションをしよう

単元計画
【1次】人がつながる町づくりに向けての教材の提案を読み取る。
【2次】自分の住む町の課題をもとに具体的な提案を考え，交流する。
　　　　　　　　　　　　　　　　　　　　　　　→ P.151 参照
【3次】提案を根拠づける事例や資料を集めて「町づくりプレゼンテーション」をする。

「仮説を立てる力」を身に付けるプレゼンテーション学習の手立て

①人がつながる町づくりに向けての**仮説の立て方**を読み取る。
②自分の住む地域の理想の未来を実現するための**仮説を考え，吟味する**。
③聞き手を説得するために**根拠となる事例**を集めてプレゼンテーションを作成する。

単元の解説 Q&A

Q1 プレゼン単元の教材をどのように扱えばいいですか？

6年生の2学期にプレゼンテーション単元の教材が位置付けてあります。最終的に子どもたちが自分の住む町をよりよくするためにプレゼンテーションをするという言語活動が明確に位置付けてある単元です。ですから，教材を読み取るときは，**プレゼンテーションをするときに有効な「論の進め方」「事例の使い方」など，表現の工夫を見つけながら学習を進める**とよいでしょう。

Q2 なぜ，単元の前半で提案理由を吟味するのですか？

子どもたちは「人のつながりをつくる提案」をたくさん考えます。それらの提案の中には，実現性や妥当性が低いものが含まれています。ですから，**提案理由を吟味して，説得力のあるプレゼンテーションになりそうな提案についてプレゼンテーションをつくる**とよいでしょう。

「現在昼間だけ開催されている地域の夏祭りを夜まで開催することを提案します。そうすることで昼間に仕事をしている世代も集まれるからです」というような提案理由の強さが必要です。「私たちが好きだからハロウィンパーティーを提案します」といった提案理由の場合，提案を却下するか，もっと強い提案理由を考える必要があります。

説得力のあるプレゼンテーションをするためには，聞き手を納得させる提案理由の強さが大切です。

Q3 なぜ，提案と事例のつながりを吟味するのですか？

「地域の夏祭りを開催しよう」という提案をプレゼンテーションする場合には，その提案に説得力をもたせるような事例を集める必要があります。「なるほど，そんな成功事例があるなら，この地域でもやる価値がありそうだな」と相手を納得させるのです。どの祭りの事例でもよいわけではありません。

自分たちが提案しようとしている祭りのイメージに近い事例を探して，提案を根拠付けることが重要です。

（→ P.151 参照）

学習のキーポイント

「仮説の立て方」や「事例の有効性」を学ぶ。

結論	本論			序論
まとめ	伝えたいこと② 「未来のイメージをもつ」	伝えたいこと① 「住民が主体的に取り組む」		提案
住民が未来の姿を描き主体的に町づくりに取り組むことが大切	(事例3) 「海士町の島留学」	(事例2) 「三田市の有馬富士公園」	(事例1) 「益子町の土祭」	コミュニティデザインの重要性
	教科書 P.136の図	教科書 P.135の棒グラフ	教科書 P.133の写真	

「未来のイメージをもつ（仮説を立てる）」ということの重要性を読み取り、プレゼンテーションでの提案づくりに生かす。

「伝えたいことに適した事例が紹介されている」「事例を紹介するときに写真・表・グラフが効果的に使われている」ということを読み取る。

このワークシートがおすすめ！

説得力のある提案・作成シート

評価	まとめ	事例②	事例①	提案理由（未来のイメージ）	提案
◎人も集まるし、住民も仲よくなれそう。	花作りで地域の人のつながりを深めよう。	○○市「町なみガーデンショー」	○○市「花だんの手入れ活動」	もし、町の公園や道沿いに花を植えると、観光客を増やせるはずだ。もし、地域住民が協力してその花を植えたり、手入れをしたりすると、住民同士が仲よくなり、つながりが増えるはずだ。	地域の花植え

↓ 事例

事例① 花の輪で広がるいやしの連鎖 〜伊丹市〜

+地域の方々で集まりアイデアを話し合う様子。
+ボランティアの人たちで花を植える様子。
+新しい花を見てよろこぶ様子。

参考にしたいこと
みんなで集り、アイデアを出し合うこと、○○リーダー、というのを作る。
それぞれの地域でグループなどを形成し、日常的に公園や街路にある花だんの手入れなどをする。

↓ まとめ

まとめ
町全体を明るくし、多くの人が花をとおして、つながりあうゆりのき台にしよう!!

↓ 提案理由

花班からの提案
提案内容
1. 花だん作り。
2. 花をじっくり楽しむ場をつくる。(観光スポット) (花でアートを作る)
3. いっしょに花だんを作り種をまき、育て、観賞する活動をつくる。

↓

未来のゆりのき台の姿
花を中心に多くの人がつながり合う町。

第Ⅲ章 「思考スキル」を育む実践事例

推論

「主張を読み取る力」を身に付けるには？

~「新聞の投書を読み比べよう」（東書6年）~

　自分の意見を相手に納得してもらえるように伝えるためには，まず相手の主張を推測しながら読み取る力が必要です。

　本単元では，四つの投書から，それぞれの書き手の意見や主張を読み取ります。**理由付けの仕方や根拠の挙げ方，論の進め方など，読み手を説得するための工夫を学ぶ**ことができます。

　そういった工夫を活用して投書を書くことで，「主張を読み取る力」を身に付ける学習です。

💡 思考スキルを支える学習活動

「説得の工夫」を用いて意見文を書こう

単元計画
【1次】四つの投書を読み，一番納得した投書を選び，その根拠を探す。
【2次】投書の構成及び説得の工夫を読み取り，意見文を書く。
　　　　　　　　　　　　　　　　　　　　　　　　　→ P.155 参照
【3次】意見文を読み合い，説得力の効果を伝え合う。

新聞の投書を読んで意見文をつくるための手立て

①新聞の投書四つを読み，**主張を読み手に説得するための工夫を読み取る**。
②日頃の生活で経験したことをもとに自分の考えを決め，説得するための工夫を取り入れて**意見文を書く**。
③意見文を読み合い，説得するための工夫の効果を共有する。

単元の解説 Q&A

Q1 投書を四つ読み比べるよさは何ですか？

　まず，段落構成が同じということです。①段落は話題提示，②段落は書き手の意見や主張，③段落は第一の理由や根拠，④段落は第二の理由や根拠，⑤段落は予想される反対意見に対する反論，⑥段落は書き手の考えという構成になっています。だから，**同じ構成にすれば書けるという見通しをもつことができます。**

　次に，四つの投書の構成が同じであっても，読み手の印象が全く違うということです。納得しやすいものもあれば，納得できないものもあるでしょう。

　それぞれの投書を読み比べるなかで理解できるよさがあります。

Q2 読み手を説得する工夫にはどんなものがありますか？

　投書①では「**自分の経験を述べる**」という工夫があります。自分のフィルターを通しているので，その人らしさの見える考えが伝わります。

　投書②では「**見たり，聞いたりしたことを述べる**」という工夫があります。客観的な経験であるため，読み手の共感を得やすいよさがあります。

　投書③では「**資料にもとづく具体的な数値を使う**」という工夫があります。大きな視野で物事を考えるときに，一般的な考えをもとにしながら考えていくことができるので，冷静に判断することにつながります。

　投書④では「**有名な人の言葉を引用する**」という工夫があります。極めた人々の考えから学ぶ姿勢は，自分の考えを向上させるときに効果があります。

Q3 自分の主張が伝わりやすい意見文にするポイントは何ですか？

　まず，構成の中でも「**予想される反対意見に対する反論**」を考えておくことです。自分の考えに賛成意見の人もいれば，反対意見の人もいます。反対意見の人の考えを理解した上で自分の考えを伝えると相手が納得しやすいのです。

　次に，**読み手を説得する工夫を入れて主張の根拠にする**ことです。小学生であれば「自分の経験を述べる」ことや「見たり，聞いたりしたことを述べること」は使いやすい工夫です。

（→ P.155 参照）

学習のキーポイント

「相手を説得する工夫」と「反論」をはさみこんだ意見文を書く。

● 投書②（6月21日朝刊）

勝利を求めてこそスポーツに意味が

高校生　平野　健一　17
（東京都北区）

6月15日の朝刊にのっていた加東さんの投書を読みました。でも、ぼくは加東さんの意見とはちがう考えを持っています。

ぼくは、スポーツは勝利を求めてやるからこそよいのだと思います。そして試合に勝つためには、ある程度体に負担をかけてでも練習することが必要だと思います。なぜなら、試合に勝った

① 書き手の意見や主張

いからこそ、選手は練習を積んで体をきたえ、技術を進歩させることができるからです。野球でも、サッカーでも、陸上でも、どんなスポーツを通して、体のよりよい動かし方や新しいわざ、強い心を身に付けられるのだと思います。仲間と楽しみながら適度にスポーツをしていたのでは、このようなものは得られないと思います。

また、実際にいろいろな大会を見ても分かるように、試合に勝つことで、選手は大きな喜びや満足、名誉を得られるのです。テレビで

② 書き手が理由や根拠に挙げていること

見る、表彰台の中央に立った選手たちの顔は、どれも喜びにかがやいています。だからこそ、選手は苦しい練習にもたえ、努力をし続けるのだと思います。

確かに、スポーツをやりすぎて体をこわすことがあるかもしれません。でも、それはまちがった方法で練習をしたからだと思います。練習方法を改善すれば、体をこわすことはないはずです。

勝利を求めなければ、人は努力をしないと思います。記録も、技術も、勝利を求めるからこそ進歩してきたのだと思います。

③ 予想される反対意見に対する反論

④ 書き手の考え

① 書き手の意見
② 理由や根拠
③ 反論
④ 書き手の考え

書き手の意見が「相手を説得する工夫」と「反論」をはさみこんでいる

154

このワークシートがおすすめ！

主張サンドイッチ式シート

書き手の主張や意見	理由や根拠	予想される反対意見に対する反論	書き手の考え
① 泣いている子への関わりは人 　小さい子が泣いているのを見ると、なぐさめている人はたくさんいます。この間、バスに乗っていたときに、泣いた子に対してお母さんがすぐにタブレットを取り出してわたしていました。 泣いている子への関わりは人何も言わずにタブレットをわたすのは絶対おかしいです。　　　　　6年	② なぜなら、私たちが小さいころは、お母さんが泣き終わるまでだいてくれました。泣いていることは何かのサインです。不安なことをお母さんがだっこしてわかってくれることで子どもは安心します。	③ 確かに、どうしても泣きやまない場合は、タブレットなどをわたすしかないかもしれません。でも、子どもはゲームがやりたいから泣いているのではないのに、ゲームをして泣きやむようになってしまいます。人間関係をつくっていくときに、このようなことがずっと行われていると、友達との関係もつくれなくなってしまいます。	④ 私は小さい子への関わりは、将来のことも考えてゲームやタブレットにたよらず、人の力で育てていくべきだと考えます。

推論

「推理する力」を身に付けるには？

～「動物の体と気候」（東書5年）～

　推論とは推理によって自分の考えを筋道立てて述べることです。そして**推理とは，手がかりをもとに新しい事柄を見いだすこと**です。

　国語では，本文を手がかりにして筆者の伝えたいことを推理する学習がいろいろな場面で出てきます。

　本単元では，「なぜ動物の体が最高のけっさく」といえるのか，その秘密を探っていきます。

　筆者の要旨を読み取ることを通して，推理する力を育てる学習です。

思考スキルを支える学習活動

「最高のけっさく」といえる秘密を読み取ろう

単元計画
【1次】本文を読み，筆者の考えとそれにつながる例を見つける。
【2次】動物の体が「最高のけっさく」といえる理由を本文から読み取る。
　　　　　　　　　　　　　　　　　　　　　　　　→ P.159 参照
【3次】具体例を一つ挙げながら，筆者の要旨を書きまとめる。

「動物の体のひみつ」を読み取るための手立て

①文章の構成と，結論に書かれた**筆者の考えを大まかに読み取る**。
②本論を三つに分けて，「**事実**」「**理由や説明**」「**具体例**」の段落を読み取る。
③「事実」「理由や説明」「具体例」から「**体の特徴**」「**その体のひみつ**」「**ひみつの効果**」を読み取る。

単元の解説 Q&A

Q1 どうやって「事実」「理由や説明」「具体例」の段落が、どこに書かれているのか読み取るのですか？

まず、本論から「具体例」の段落を見つけます。動物の名前が出てくるので、容易に見つかるでしょう。次にそれらの動物の体の特徴を「事実」として書きまとめている段落を探します。最後に残るのが「理由や説明」の段落です。**それぞれの段落を色別に囲んだり線を引いたりすれば、本論の構成が見えてきます。**文章構成図を書く際に役立つでしょう。

Q2 なぜ「最高のけっさく」といえる秘密を課題にするのですか？

見つけた「具体例」には、体の特徴が書かれています。その特徴に「なぜ」を付けてみましょう。「なぜ寒い地方の動物の体は丸っこいのですか？」その秘密を本文から読み取ったら、また「なぜ」を付けます。「なぜ体の表面積が小さいとよいのですか？」このように**本文に書かれた事実から問いを立て、それに答えることが、推理する力を身に付けることになるのです。**

ここでは、「具体例」から問いを立て、それに答えるためにワークシートを用います。

（→ P.159 参照）

Q3 なぜ具体例を挙げながら筆者の要旨を書きまとめるのですか？

要旨とは、筆者が述べたいことの中心です。**要旨は、文章中にはっきりと示されている場合と、文章全体から読み取らなければならない場合があります。**この説明文の結論には「（動物たちの体は）自然が長い年月をかけてつくりあげてきた、最高のけっさくであるといえるだろう」と書かれています。「けっさく」という言葉には筆者の感動が込められています。その感動は、暑くかわいた砂漠でも、マイナス数十度にまで下がる所でも適応しながら生きている動物の体への感動です。どれぐらいの文字数で要旨を書きまとめるかによって取り上げる内容は違ってきますが、**伝えるべきは筆者が動物の体に感動した理由です。**

その理由は、**例に挙げた動物の体がどのような特徴をもち、どんな効果を上げているのかを分かりやすく書きまとめることで、読み手に伝わるのです。**

学習のキーポイント

「事実」から立てた問いに答える。

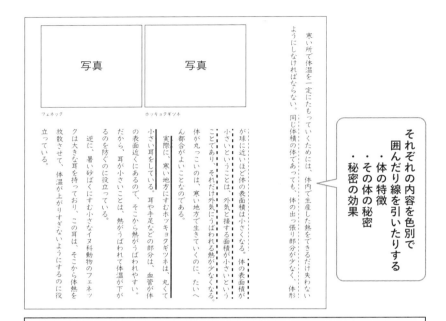

それぞれの内容を色別で囲んだり線を引いたりする
・体の特徴
・その体の秘密
・秘密の効果

問い①
　なぜホッキョクギツネは丸くて小さい耳をしているのか？
　　　　　　　　　　　　　　　　　　　　　　　　【体の特徴】

答え①
　体の出っ張り部分が少なく，体形が球に近いほど体の表面積は小さくなるから。　　　　　　　　　　　　【その体の秘密】

↓ この答え①が新たな問いになる

問い②
　なぜ体の表面積が小さいと都合がよいのか？

答え②
　外気と接する面積が小さいということであり，それだけ外気にうばわれる熱が少なくなるから。　　　　　【秘密の効果】

このワークシートがおすすめ！

動物の体ひみつ発見シート

ワークシート①

『具体例から見つけた体の特徴をふきだしで書こう』

教科書 P.33 の右の写真 — 耳が丸くて小さい

教科書 P.33 の左の写真 — 耳が大きくて出っ張っている

体が丸っこい　何となくあったかそう

がりがりの体　やせているのかな？　毛が短い

この体のひみつは…

- 体の出っ張り部分が少なく，体型が球に近いほど体の表面積は小さくなる。ぎゃくに体の出っ張り部分が多いと同じ体積の体であっても体の表面積は大きくなる。
- 耳や手足などの部分は，血管が体の表面近くにあり熱がうばわれやすい。

ワークシート②

『なぜ　寒い所では，体の表面積が小さいと都合がいいのか？
　　　　暑い所では，体の表面積が大きいと都合がいいのか？　？』

温度の低い外気　　　　　　　　温度の高い外気

体の表面積が小さい
体の表面積が小さいということは，外気と接する面積が小さいということであり，それだけ外気にうばわれる熱が少なくなる。

体の表面積が大きい
大きな耳から体熱を放散させて，体温が上がりすぎないように役立っている。

> 推論

「新たな発想をする力」を身に付けるには?
～「句会を開こう」(東書6年)～

　俳句や短歌をつくるときには,「新たな発想をする力」が必要です。新たな発想によって表現の質を高めることができます。

　新たな発想を引き出すためには,まずテーマに沿っていろいろな言葉を集める必要があります。その後,集めた言葉を見渡して言葉の組み合わせを考えるときに新たな発想が生まれます。

　発想の広げ方を身に付けると,言葉の組み合わせを工夫する力が身に付きます。「この言葉を使うと読み手はどのように感じるか」と表現の効果を推論ながら,表現の質を高める学習です。

思考スキルを支える学習活動

表現の効果を工夫して俳句をつくろう

単元計画
【1次】教材の俳句から俳句づくりのコツを見つける。
【2次】季節を表すキーワードを決めて,関連する言葉を集める。
　　　　　　　　　　　　　　　　　　　　　　→ P.163 参照
【3次】集めた言葉を使って俳句をつくり,表現の効果を考えて修正する。
【4次】句会を開いて,互いの俳句のよさを交流する。

発想を広げるための学習の手立て

①モデルとなる俳句から,**発想の広げ方を学ぶ**。
②決めた**テーマに関連する言葉を集める**。
③**集めた言葉を組み合わせて**俳句をつくる。
④**表現の効果を考えて**,つくった俳句を修正する。

単元の解説 Q&A

Q1 俳句づくりの導入では,どんなことをすればよいのですか?

いきなり「俳句をつくりましょう」と指示すると,子どもは適当に言葉を五・七・五に当てはめるだけの作品をつくります。まずは,**モデルとなる俳句をもとにし俳句づくりのこつを共有する必要があります**。

「情景が思い浮かぶ言葉を使う」「似ているイメージのものを重ねる」「擬人化する」「別のものに例える」「言葉の順序を入れ替える」「気持ちを直接表現しない」といったこつを意識するだけで,子どもの俳句の質は向上します。

Q2 なぜ,テーマに関連する言葉をたくさん集めるのですか?

質の高い俳句をつくるためには,多様な言葉を集めることが欠かせません。一つの言葉について,「関連する言葉」「イメージが似ている言葉」などをたくさん集めることが重要です。そうすることで「似たような物事を意外な物に例える」「人とは違う切り口で表現する」といった,読み手の心を動かす表現が可能になります。また,いろいろな言葉の組み合わせを工夫する学習が可能になります。

(→ P.163 参照)

Q3 なぜ,つくった俳句を修正するのですか?

つくった俳句をそのまま完成作品として提出してよい場合もあります。しかし,つくった俳句について「言葉の順序を入れ替える」「違う言葉で表現する」といったこつを使って修正を加えることで,作品の質がぐんと上がることも珍しくありません。つまり,表現の効果を考えながら言葉を修正することで,作品の質が向上するのです。

また,**子どもが「どのように言葉を修正して,よりよい作品にするか」と表現の工夫を考える過程で,子どもの思考力が育まれる**ともいえます。

学習のキーポイント

俳句づくりのこつを見つけて、俳句づくりに生かす。

教科書の具体例から俳句づくりのこつを見つける

- 日なたぽこ　みんな集まる　いつの間に
  - ○「日なたぽこ」と「いつの間に」の言葉の順序を入れ替えて、効果的なほうを選んでいる。

- 木々の群れ　葉の服ぬいで　春を待つ
  - ○木々の群れが「服をぬぐ」「春を待つ」と擬人化して表現している。

- 羽子板で　今年の目標　打ち上げる
  - ○「高い目標」と「羽子板の羽を上げる」のイメージを重ねて、「打ち上げる」で表現している。

↓ **具体例から見つけた「俳句づくりのこつ」をまとめる**

クラスで見つけた「俳句づくりのこつ」
- ○言葉の順序を入れ替える
- ○擬人化する
- ○イメージを重ねる
- ○例える
- ○映像が浮かぶように書く
- ○意外な言葉を組み合わせる
- ……

お手本となるモデルから学習活動に生かせそうな学びを見つけて、活用しやすいように整理してまとめることが大切です。

このワークシートがおすすめ！
発想広げマップ

「発想広げマップ」使用上のポイント
①まん中に自分が決めたテーマを書く。
②テーマの周りに関連するキーワードを書く。
③キーワードを外側のわくの中心に書く。
④キーワードの周りに関連する言葉を書く。
※全てのわくをうめる必要はない。

		魚を つかむ		鬼ごっこ	水 てっぽう	冷たい	さんさん	暑い	日焼け
		川遊び		あせ	プール	スッキリ	向日葵	太陽	
					水着		太陽へ のびる	夢に 向かう	
船	潮の かおり		川遊び	プール	太陽	わたがし	花火		
汽笛	海		海	テーマ 夏	祭り	友達と	祭り	金魚 すくい	
水平線			セミ	キャンプ	夜空	浴衣	うちわ		
			野外炊事	けむり		祭りの 帰り道	天の川	七夕	
クマゼミ	セミ		川遊び	キャンプ	しばふに ねころぶ		夜空	北斗七星	
ミンミン うるさい	鳴き さわぐ			夏休み	虫取り	夏の 大三角	黒板 みたい	星空観察	

（作品④）
クマゼミや　滝に負けじと　鳴きさわぐ

クマゼミが鳴く様子を擬人化して、「鳴きさわぐ」という言葉で表す。

（作品③）
向日葵や　夢へ向かって　のびてゆく

向日葵を、夢に向かってがんばる自分のイメージと重ねている。

（作品②）
天の川　おそろい浴衣の　帰り道

言葉の語順を入れ替えて「天の川」の印象を強め、映像が浮かぶようにしている。

（作品①）
ねころんで　空に黒板　星の授業

夏の夜空を黒板に例え、星を見上げる様子と理科の授業を重ねている。

> 評　価

「分析する力」を身に付けるには？

～「テレビとの付き合い方」（東書5年）～

　物事を適切に評価するためには、「分析する力」が欠かせません。自分のもっている情報は正確なのか、どのように編集されているのかといったことを考える視点が必要です。
　本単元では、**考えの根拠となる情報がどのような意図で切り取られているのかを分析します**。そうすることで、伝える側が伝えたいことに応じて情報を編集していることが共有できます。意図的に隠された情報を想像するようにもなります。
　与えられた情報だけに頼るのではなく、物事を多面的に考える力を育てる学習です。

💡 思考スキルを支える学習活動

「情報の伝わり方の違い」を読み取ろう

単元計画
【1次】本文を読み、筆者の考えとそれにつながる例を見つけ、感想をもつ。
【2次】全体像が見える事例と部分しか見えない事例の効果の違いを考える。
　　　　　　　　　　　　　　　　　　　　　　　　　→ P.167 参照
【3次】筆者の考えを受けて、身の回りの様々なメディアについて考える。

「情報の伝わり方の違い」を読み取るための手立て

①**筆者の考えとその考えの根拠となる例**を見つける。
②全体図（白と黒の図）と部分図（黒だけの図）によって、**伝わってくる事柄の違いを読み取る**。
③情報が編集されている身の回りの事例を集めて、**編集の効果を分析**することで、多面的なものの見方を身に付ける。

単元の解説 Q&A

Q1 説明文の例をどのように扱えばよいのですか？

説明文に出てくる例を取り上げ，筆者の意図を子どもたちと考えます。

まず「筆者がここでグラフを挙げている**意図**は？」と問います。そうすることで，子どもから「身の回りのメディアの中で自分たちに影響の大きいものを知らせている」「これからテレビの話題を出すために例を挙げている」といった意見を引き出すことができます。

次に「筆者が『白と黒の図』と『黒だけの図』を挙げている**意図**は？」と問います。そうすることで，子どもから「筆者の考えをより分かりやすく伝えるため」といった意見を引き出すことができます。

最後に「**このような例を挙げている筆者の考えが分かったかな？**」と問うことで，要旨を読み取ることができるのです。

Q2 なぜ，全体写真と部分写真の効果の違いを指導するのですか？

全体写真を見ると，ピラミッドの周辺に近代的な建物が建っていることが読み手に伝わります。しかし，部分写真ではその情報を切り取られているために，ピラミッドが砂漠の真ん中に立っていると誤解する危険があります。

情報に接するときに「隠された情報があるかもしれない」と意識することは非常に重要です。全体写真と部分写真の効果の違いを学ぶことが，物事を多面的に考える力を身に付けることになるのです。

ここでは，全体写真と部分写真の違いを明らかにするためにワークシートを用います。

（→ P.167 参照）

Q3 なぜ，筆者の考えが分かった時点で学習を終えないのですか？

筆者の考えを理解しただけでは，実際に物事を多面的に考えられるようになったとはいえません。実際に身の回りから，情報が編集されている事例を見つけ，**編集されなかった場合と編集された場合の効果の違いを考えることが「多面的に考える力」**となるのです。

この学習は自分とメディアとの関わり方を見つめ直す機会になるでしょう。

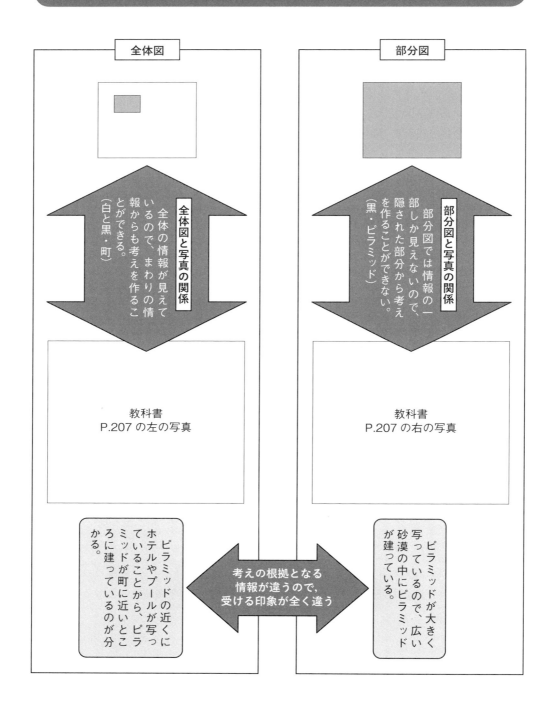

このワークシートがおすすめ！

比較・分析シート

全体（A）	違い	部分（B）
全体図 （図）	情報の違い 全体図では白と黒が見えているけど，部分図では黒しか見えない。	部分図 （図）
全体写真 教科書 P.207の左の写真	効果の違い 全体写真ではピラミッドの周りに町があることが見える。でも部分写真ではピラミッドしか見えていないので，ピラミッドが広い砂漠(さばく)の真ん中に建っていると誤(ご)解(かい)される可能性がある。	部分写真 教科書 P.207の右の写真

学習のふり返り（「情報」「効果」という言葉を使って，学びをふり返ろう）

　今日は，全体写真と部分写真の効果の違いを勉強しました。
　部分写真では，全体写真にはあった情報が見えなくなっていたので，ピラミッドが砂漠の真ん中にあるように感じました。筆者が説明しているように，黒い部分だけを見て自分の考えを作るのは危険だと思いました。
　これから，生活の中で見えない情報を見つけて，よく考えられるようになりたいです。

・ワークシートや子どもの文章についての解説

評価

「別の意味に気づく力」を身に付けるには？

～「注文の多い料理店」（東書5年）～

　物語文の「おもしろさ」とは，単に子どもたちの興味・関心や思い付きを出し合うことではありません。**作者の考え抜いた構成や人物設定，言葉の使い方などから生まれてくるものが物語文の「おもしろさ」**です。

　今回，「注文の多い料理店」のおもしろさを「**かんちがい**」と規定します。そうすることで，子どもたちは言葉の使い方の違いや意味の違いに着目するようになります。

　この学習を通して「別の意味に気づく力」を身に付けることができます。

💡 思考スキルを支える学習活動

「注文の多い料理店」のおもしろさの秘密を探ろう

単元計画
【1次】最初に感じた「おもしろさ」を交流し，おもしろさのつまっている場面がどこか明らかにする。
【2次】具体的な視点（かんちがい）で読み進め，おもしろさを生んでいる別の意味を考える。
【3次】「おもしろさ見つけまシート」でおもしろさを紹介する。

→ P.171 参照

おもしろさを読み取るための手立て

① **おもしろさのつまっている場面**を明らかにする。
② **言葉や行動の別の意味**を考える。
③ 「おもしろさ見つけまシート」で**かんちがいの内容**を明らかにする。

単元の解説 Q&A

Q1 物語文は，何を考えさせていくとよいのですか？

物語文を読んだときに感じる「おもしろさ」について子どもたちと考えましょう。子どもから「どんどん扉を開いていくところ（展開）」「しんしのかんちがい（展開）」など様々な意見が出るでしょう。これらはすべて非現実の世界での出来事です。つまり非現実の世界には，「**おもしろさ**」を生む仕掛けがつまっていることを子どもたちと確認し学習課題を考えてみましょう。

Q2 別の意味に気付かせるには，どうすればよいのですか？

今回，「注文の多い料理店」のおもしろさを「かんちがい」としました。学習課題は「おもしろさのひみつを探る」ですが，子どもたちは「**かんちがい**」を作品の中から探すことになります。例えば物語に登場する料理店の最後の扉に書かれている「さあさあ，おなかにお入りください」という部分を**漢字に変えて考えてみましょう**。

- お中に入る→中に入る
- お腹に入る→食べられる

このように別の意味を含んでいる記述を探し，交流することで別の意味をもつ言葉を知ったり，その効果を知ったりすることができるのです。

Q3 別の意味の言葉を探しただけで，本当に「別の意味に気付く力」がついたかどうか分かりません。

本当に別の意味に気付くためには，**探した言葉について，他にどんな意味があるのかを吟味する**場が必要です。

例えば「料理はもうすぐできます。十五分とお待たせはいたしません。すぐ食べられます。早くあなたの頭にびんの中のこう水をよくふりかけてください」という表現を考えます。お話の先を知っている子どもは「酢を頭からかけるなんてかんちがいしている」と考えることもあります。これでは，別の意味に気付くことはできません。もう一度文をよく読んでみると「食べられます」という言葉があります。この言葉は「食べることができる」という意味と「食べられてしまう」という意味と二通りに考えられます。探し出した箇所に，どのような別の意味があるのか吟味を行うことが大切です。

学習のキーポイント

扉に着目して，かんちがいを明らかにする。

「注文の多い料理店」

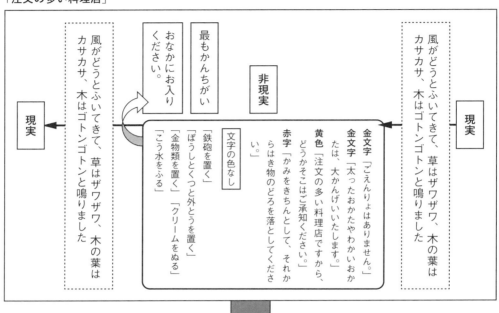

要因の種類分け

①設定
②関係性　（生と死）（食べるものと食べられるもの）（うそと本当）
③言葉の意味（同音異義語）（みせかけと中身）

このワークシートがおすすめ！

おもしろさ見つけまシート

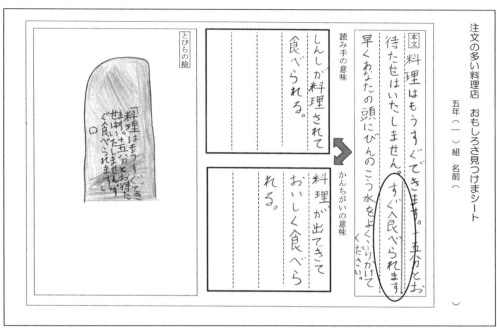

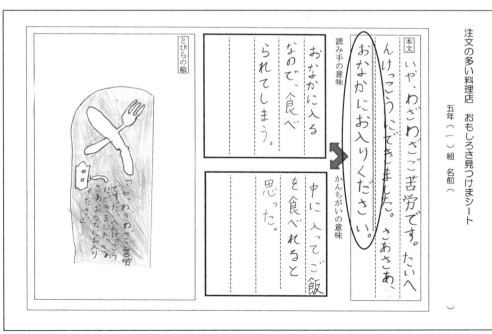

どちらのワークシートも言葉を拾い出して，二つの意味の違いを説明しています。

評価

「自分と重ねる力」を身に付けるには?
～「プロフェッショナルたち」(東書6年)～

　国語では,他者の生き方や考え方を読み取る学習があります。その際に,読み取った生き方や考え方を,自分と重ねることが大切です。そのためには,**「自分にどう役立つか」という観点で評価する**ことが必要です。

　5年の伝記学習では,人物の生き方を読み取る学習をしました。その学びを土台として,6年の本単元では**働く人々のプロ意識を自分の生き方と重ねて読み取り**,他者にポスターで紹介します。

　その過程で他者の生き方を自分と重ねる力を身に付ける学習です。

思考スキルを支える学習活動

将来に生かしたいプロ意識を紹介しよう

> 単元計画
> 【1次】本文を読み,言葉やエピソードから3人のプロ意識を読み取る。
> 【2次】プロ意識と自分のエピソードのつながりを考える。
> 【3次】自分に生かせそうなプロ意識をもつ人物を探す。
> 【4次】選んだプロ意識が自分にどのように生かせるかをポスターで紹介する。
> → P.175参照

プロ意識を自分と重ねるための手立て

①教材の3人の**プロ意識を読み取る**。
②読み取った**プロ意識とつながる自分のエピソードを考える**。
③将来の自分に役立ちそうなプロ意識をもつ人を**教科書以外から探して**,ポスターで紹介する。

単元の解説 Q&A

Q1　働く人々の生き方を紹介する文をどう扱えばよいのですか？

　6年生の3学期に、いろいろな職業で働く人々の生き方を紹介する教材が位置付けてあります。これは国語科の学習というだけでなく、卒業を間近に控え、自分の将来について考える**キャリア教育**の視点が含まれています。

　この学習で大切になるのは「**人生の先輩からプロ意識を学んで自分に生かす**」という発想です。子ども自身が「このプロ意識を身に付けたい」と思える学習単元を構想する必要があります。

Q2　なぜ、人物の考え方と自分を重ねるのですか？

「**読み取った考え方をこれからの自分に生かす**」というねらいがあるからです。

　「この人物はこんな考え方をもっています」と、読み取ったことを紹介するだけの学習では不十分です。

　ですから「読み取ったプロ意識が自分とどのようにつながるか」と考えるのです。「この人の考え方は、将来働くときに役立つかな」という見通しをもって、子どもが人物の調べ学習を進めるようにしましょう。

Q3　ポスターには、どのような項目を入れるのですか？

　この学習では、人物のプロ意識を自分と重ねるために、ポスターに書く項目を工夫します。具体的には、

　まず、「**項目①自分に役立つプロ意識**」を決めます。

　次に、「**項目②人物のエピソード**」「**項目③自分のエピソード**」を書きます。

　最後に、「**項目④なりたい職業**」を書きます。

　どの文も「①自分に役立つプロ意識」とつながるように書くことがポイントです。

　「自分に役立つプロ意識を紹介する」というめあてに沿ってポスターづくりを進めることで、自分と重ねる思考を促すことができます。　　　　　　　　　　（→ P.175 参照）

学習のキーポイント

「プロ意識」と「自分のエピソード」をつなぐ。

人物	①プロ意識	②人物のエピソード	③自分のエピソード
勝俣悦子	責めなければ道は開けない	セイウチの手術が日本で行われた例はなかったが手術を行い成功させた。間もなく、ムックは自分でえさを食べるまでに回復した。	今の私は、たとえ好きなことでも「めんどくさい」と言ってにげてしまうので、このプロ意識をもつと成長できそうです。
国村次郎	自分でつかんだ技術はにげない	早く一人前になりたかった国村は、一日中ハンマーをふり続けていた。手はまめだらけだった。試行錯誤を続ける中で、ためしに板の中心を軽く、周辺を強くたたいてみた。すると、これまで出なかった曲線ができ始め、イメージにほぼ近いものになってきた。	私はなわとびの練習を始めた頃は回数を友達と比べていました。でも、自分が二重跳びを五十回跳べる技術を身に付けるために練習をして跳べるようになりました。「自分の技量に向き合う」ということが大切だと思います。
杉野英美	あたりまえを積み重ねると特別になる	どの作業も、おいしい菓子を作るためには、あたりまえなこと。しかし、その全てを完ぺきに行っている店は、ここが初めてだった。目指す菓子は、ただおいしいだけではない。人を幸せにする菓子。そのためには、いっさいの妥協も許さない。	私が習っている新体操でも足を百八十度開くジャンプをするにはじゅうなんな体操が必要です。体をやわらかくするには毎日のじゅうなんが欠かせません。だからこのプロ意識は私にとって大切です。

3人のプロ意識を読み取った後に，自分のエピソードと重ねる。
そうすることで，子どもは自分の生き方に役立つプロ意識を探すようになる。

このワークシートがおすすめ！

自分に役立つプロ意識・しょうかいポスター

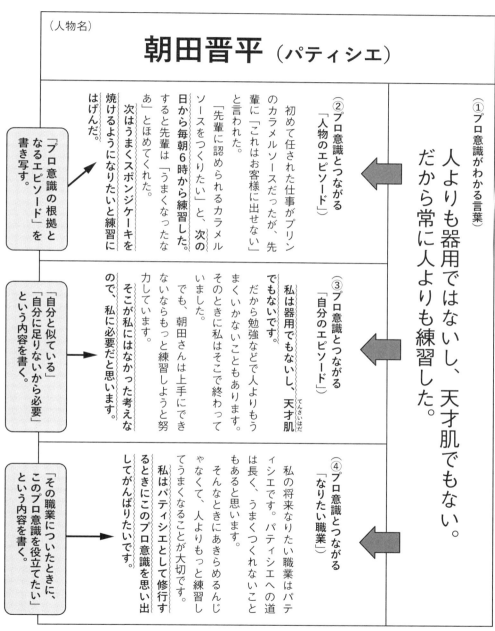

ポスター作りのポイント
- 「①将来に役立ちそうなプロ意識」を先に決める。
- 「②人物のエピソード」「③自分のエピソード」「④なりたい職業」は①とつないで書く。

| 評 価 |

「観点を活用する力」を身に付けるには？
～「手塚治虫」（東書5年）～

　高学年において様々な生き方や考え方に触れることは，子どもたちの心の成長を助けてくれます。伝記学習では，そのような価値ある生き方・考え方に触れることができます。
　伝記に描かれている情報を観点化することで，複数の人物の生き方を観点に沿って比べて，分析的に読むことができます。
　観点を活用することで，価値ある生き方や考え方に明確に触れることができる学習です。

思考スキルを支える学習活動

観点に沿って情報を集めて「人物しょうかいポスター」で紹介しよう

単元計画
【1次】本文を「どんな人物か」という視点で読み，自分が感じた人物像をもつ。
【2次】自分が考えた人物像に沿って，情報を抜き出し観点化する。
【3次】観点を使って，人物紹介ポスターを仕上げる。　　→ P.179 参照

「観点を活用する力を身に付ける」ための手立て

①伝記を読み，どんな人物か**人物像をとらえる**。
②読み取った人物像につながる**情報を抜き出し観点化**する。
③つくった**観点に沿って情報を集め**，紹介したい人物を「人物しょうかいポスター」で紹介する。

単元の解説 Q&A

Q1 伝記（「手塚治虫」）をどのように扱えばよいのですか？

まず「どんな人物かな？」と問います。そうすることで「漫画を描き続けた人」「新しい書き方で漫画を描いた人」といった子どもが感じた人物像を引き出すことができます。

次に「どこからその人物像を考えた？」と問います。そうすることで，子どもから本文内にちりばめられている出来事を集めることができます。「おいたち」「人との出会い」など，**集めた情報を観点化することで，子どもが複数の人物の生き方を比べて読んだり，筆者の異なる同じ人物の伝記を比べて読んだりするときにことができます。**

つまり，観点をもとに比較分析する力を育成することにつながります。

Q2 伝記内の情報をなぜ観点化するのですか？

複数の伝記を読むと，いくつかの共通している観点が使われていることに気が付きます。例えば「おいたち」「人との出会い」「最も成功した話＝業績」「晩年の話」などです。

伝記を読むときにこれらの**観点を明確に意識する**ことは非常に重要です。そうすることで，**複数の人物の生き方を比べて読んだり，筆者の異なる同じ人物の伝記を比べて読んだりすることができます。**

ここでは，観点を明らかにした「人物しょうかいポスター」を用います。

（→ P.179 参照）

Q3 なぜ，観点を使った人物しょうかいポスターをつくるのですか？

伝記に用いられている観点を理解しただけでは，実際に伝記を観点に沿って読む力は身に付きません。

実際に自分が紹介したい人物の伝記から，**観点に沿って情報を見つけ，人物紹介ポスターの形に情報を整理し表現することで「観点を活用する力」「分析的に読む力」がついたといえます。**情報を観点別に整理すること，観点をもとに分析することを通じて「観点を活用する力」を身に付けることができるのです。

学習のキーポイント

人物像に沿って，情報を抜き出し観点を明らかにする。

読み取った人物像

まんがづくりに情熱をささげ，新しいまんがを生み出した手塚治虫

エピソード

エピソード	観点化すると
治は体操は苦手だったが、図画や工作は得意だった。三、四歳のころから、絵をかく楽しみを覚え、小学校に入学するころには、絵が大好きになっていた。図画の時間になると、風景や人物をよく観察して、細かいところもしっかりかいた。	生い立ち
三年生の二学期から、クラスの担任は乾秀雄先生になった。乾先生は作文に力を入れていたので、作文の時間が増えた。〜中略〜 乾先生の指導で作文をたくさん書いたことは、大人になってから、まんがのストーリーを考えるときに役立った。	人との出会い
治虫は、まんがの仕事をしながら、医学の勉強を続けていた。けれど、医学の勉強とまんがの両立は難しくなっていく。どうしたらよいのか、治虫は悩んだ。母に相談すると、「あなたは、どっちの仕事が好きなの。」と聞かれた。治虫は、「もちろんまんがです。」と答えた。すると母は、「では、まんが家になりなさい。人間は、好きな道をまっすぐに進むのがよいのです。」	きっかけ
大切な場面になると、何コマも使って同じ人物をかいていき、顔の表情や動きをいきいきと描き出した。画面を上からや下からなど、いろんな角度から見てかく手法もとった。どれも、それまでなかったまんがのかき方だ。	最も成功したこと＝業績
ふっと意識がもどると、治虫はけん命に手を動かしてたのんだ。「えん筆をくれ。」命がつきようとするしゅん間まで、まんがをかこうとするしゅん間まで、まんがをかこうとしたのである。	晩年の話

分析

人物像に合わせて紹介の観点を選んで，人物紹介ポスターを仕上げる。

このワークシートがおすすめ！

観点別人物しょうかいポスター

読み取った人物像

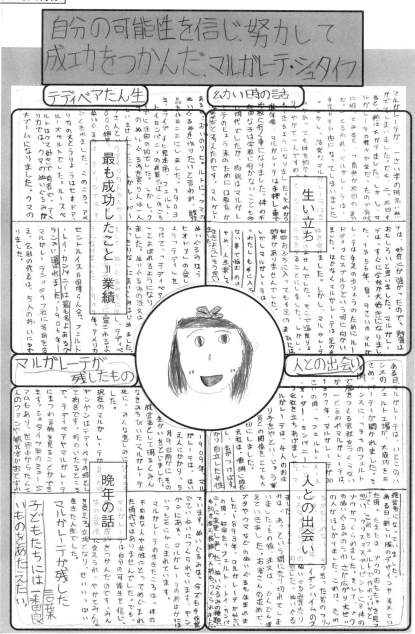

子どもが学んだ観点から選んで，人物紹介ポスターを仕上げている。

評価

「表現の効果を考える力」を身に付けるには？

〜「大造じいさんとがん」（学図，教出，三省，東書5年）〜

　「表現の効果を考える力」とは，すぐれた表現を意味付けたり価値付けたりすることを通して，人物像や物語の全体像をとらえることです。表現の効果を考えることは高学年の重要な指導事項だといえます。

　物語「大造じいさんとがん」は，がんの頭領「残雪」と「大造じいさん」との戦いをすぐれた情景描写や行動描写で描いています。心に残る表現を関連付けていくと「大造じいさん」の強い意志や「残雪」の「頭領」としての姿が浮かび上がってきます。ここでは「読み味わいカード」を書き，互いに交流することを通して，情景描写や行動描写の効果を考える活動を紹介します。

思考スキルを支える学習活動

「大造じいさんとがん」のすぐれた表現を読み味わおう

単元計画
【1次】物語「大造じいさんとがん」を読み，学習の見通しをもつ。（1時間）
【2次】「読み味わいカード」に，すぐれた表現をまとめる。（3時間）
　　　　　　　　　　　　　　　　　　　　　　　　　→ P.183 参照
【3次】「読み味わいカード」を分類・整理し，人物がどのように表現されているかをとらえる。（3時間）
【4次】物語「大造じいさんとがん」の魅力をまとめる。（2時間）

「表現の効果を考える力」を身に付けるためのポイント

①自分が選んだ表現から「**何が分かったか**」をまとめる。
②自分が選んだ表現について「**何が心に残ったか**」を考える。
③心に残った表現を「**分類・整理し，人物がどのように描かれているか**」を考える。

単元の解説 Q&A

Q1 「表現の効果を考える力」とはどういうことですか？

　表現の効果には，「この表現から何が分かるか」と「この表現の何が心に残ったか」の二つがあります。

　「この表現から何が分かるか」を考えることは，その表現が伝える情報をとらえることです。すぐれた表現にはたくさんの情報が凝縮されています。例えば「あかつきの光が，小屋の中にすがすがしく流れこんできました」という表現は，情景とともに残雪を迎えようとする「大造じいさん」の心も表しています。

　「この表現の何が心に残ったか」を考えることは，表現の「読み手に訴える力」をとらえることです。例えば，先の例で言えば「あかつき」という言葉の語感や「流れこんできました」という比喩表現が読み手に訴える力をもっています。

Q2 「読み味わいカード」を書くとき，どのような支援をしますか？

　「この表現から何が分かるか」をとらえるためには〈表現の中の言葉を使わずに，描かれている情景や心情を書く〉ように言葉かけします。また，情景描写であれば「そこには人物のどのような心が表れているか」を考えるなど〈書かれていることをもとに書かれていないことを考える〉ことがポイントになります。

　「この表現の何が心に残ったか」をとらえるためには，「比喩」「擬音語・擬態語」「色彩語」など，これまでの学習で学んだ表現手法を観点として提示することが効果的です。

　なお「読み味わいカード」は一人あたり5～10枚を目安にし，物語全体をとらえることができるよう助言します。

Q3 「読み味わいカード」をどのように分類・整理しますか？

　カードの分類・整理は個人で行うことも，グループで行うこともできます。本事例は，個人でカードを分類整理しました。その方法は以下の通りです。

　「読み味わいカード」を書く段階で，取り上げた表現に応じて「大造じいさん」「残雪」「自然」「戦い」などの「分類項目」を記入しておきます。同時にカードの「題」を付けるよう言葉かけします。

　この「分類項目」に即して，似ているカードを集めます。さらにそれぞれの「題」に着目して似ているものを集めます。こうすることで子どもたちは，自分が〈何に着目し〉〈表現の効果についてどのように考えているか〉をとらえることができるのです。

第Ⅲ章　「思考スキル」を育む実践事例　181

学習のキーポイント

「何が分かったか」「何が心に残ったか」をとらえる。

○「読み味わいカード」を書こう。

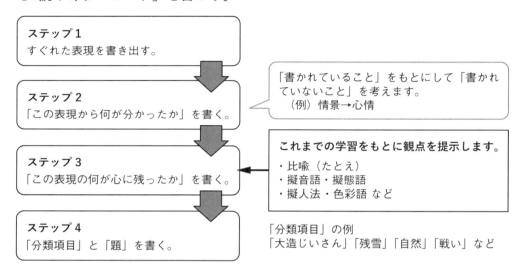

○「読み味わいカード」を分類・整理しよう。
「分類項目」と「題」に着目して似ている「読み味わい」カードを集め，整理します。

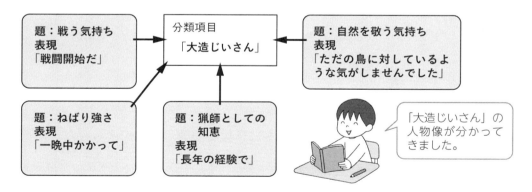

このワークシートがおすすめ！

読み味わいカード

分類	大造じいさん
項目	
題	自然をうやまう気持ち

すぐれた表現

大造じいさんは、強く心を打たれて、ただの鳥に対しているような気がしませんでした。

この表現から何が分かったか

じいさんはおどろいた表情で、残雪をずっと見ていた。しばらく動けなかったと思う。命をかけて仲間を守り、最後までほこりをなくさないすがたは、自然そのもののように、じいさんには見えたのかもしれない。

この表現の何が心に残ったか

「ただの鳥」ではないと書いて、〈それでは何だと思ったのか〉を書いていない。それだけ、すごいものに見えたんだということを想像させている。わたしは、自然そのものだと思った。

第Ⅲ章 「思考スキル」を育む実践事例

あとがき

> このごろいくらか下火になったけれども，ひところはさかんに対話，対話と言われた。それを合言葉のようにしていた人たちもあったが，すこし考え違いしていたのではあるまいか。ただ，おしゃべりをしていれば対話になると思っているとしたら，とんでもない見当外れ。わかり合えるどころか，逆に対立が深まる。現にそういう例はごろごろしている。
>
> 対話にはドラマの感覚が必要である。そして，さわやかに，おもしろく話す才能と技術がなくてはならない。それを欠いた人間同士がむずかしい問題でやり合えば，たちまち泥仕合になって，目も当てられない。

外山滋比古氏の文章から引用した。耳の痛い指摘である。「おしゃべり」は「対話」ではない。「対話」は「合言葉」ではない。教育界の流行となり消え去ることは好ましくない。「対話」には「話す才能と技術」が求められる。しくじると，「泥仕合」になり「対立」が深まる。ご用心，ご用心。

ところで，これはいつ書かれた文章だろうか。およそ30年前に書かれた文章（『ことばのある暮し』中公文庫，1988年）である。1988年は昭和63年である。この翌年の1月8日に「昭和」は「平成」となった。1988年は，光GENJIや工藤静香が活躍していた。長渕剛の「乾杯」もこの年のヒット曲である。テレビドラマでは，「3年B組金八先生」が27.3%の視聴率をたたき出しており，ソウル・オリンピックも開催された。

教育界はといえば，「ゆとりと充実」（1977年版学習指導要領のキーワード）から，「新しい学力観」（1989年版学習指導要領のキーワード）へと大きく変動した時代である。2006年の教育基本法の改正，その後の「学校教育法」をはじめとする教育3法の改正を視野に入れると，外山が指摘する「対話」や，「ゆとり」か「詰め込み」かといった二項対立的な議論を収束させ，「基礎的・基本的な知識・技能の習得」「思考力・判断力・表現力の育成」「社会に開かれた教育課程」「主体的・対話的で深い学び」「カリキュラム・マネジメント」へと教育は歩み続けている。

外山は，同じ本の中で，「読書ばなれ」を危惧し，「書くことと読むこと」を関連させることの重要性についても指摘している。これもまた，30年前の指摘である。時代が求める教育課題は変化する。と同時に，解決すべき教育課題の本質は変化していないともいえる。

教育は，当たり前のことを当たり前に行うことに尽きる。当たり前のこととは，児童生徒一人一人の学力を保障することである。その当たり前の本質は「考える力」を高めることにある。思考力の育成こそが，当たり前の要である。外山が指摘する「対話」に求めら

れる「話す才能と技術」も，思考力によって支えられている。本書は，そうした思考力を育むための考え方と具体的なアイデアを提案している。「主体的・対話的で深い学び」が，「合言葉」に終わらず，教育界の単なるブームとして消え去ることがないことを願いつつ。

　本書をまとめるにあたり，第Ⅱ章，第Ⅲ章では，兵庫県三田市の三田国語教育研究サークル「三田カフェ」の先生方に尽力していただいた。「三田カフェ」は進化し続けている教育実践サークルである。

　　平成 29 年 12 月

編著者　伊﨑　一夫

執筆者一覧

【編著者】

伊﨑 一夫（いさき　かずお）

奈良学園大学教授

1954年生まれ。神戸大学卒業，兵庫教育大学大学院博士課程後期課程修了。学校教育学博士

兵庫県公立小学校教諭，環太平洋大学教授を経て，現職

第35回博報賞及び文部科学大臣奨励賞，第57回読売教育賞・最優秀賞，平成20年度兵庫県ゆずりは賞等を受賞。小学校国語教科書（東京書籍）編集委員

著書に，『移行期からはじまる新しい国語の授業づくり　1～6年』（阿部秀高との共編著，日本標準，2009年），『小学校国語科学習指導案で授業が変わる！―学習指導案を読む・書く・使いこなす―』（日本標準，2011年），『発問―考える授業、言語活動の授業における効果的な発問―』（寺井正憲との共編著，東洋館出版社，2015年）他

【執筆者】（所属は平成29年12月現在）

伊﨑　一夫	前掲	…………………………………	まえがき，第Ⅰ章執筆
岡本　恵太	三田市立三輪小学校	…………………………	第Ⅱ章，第Ⅲ章執筆
遠藤　陽子	三田市立ゆりのき台小学校	………………………	第Ⅲ章執筆
小玉　直人	三田市立ゆりのき台小学校	………………………	第Ⅲ章執筆
中島　朱美	三田市立広野小学校	…………………………	第Ⅲ章執筆
羽渕みな子	三田市立すずかけ台小学校	………………………	第Ⅲ章執筆
濱村　憲二	三田市立あかしあ台小学校	………………………	第Ⅲ章執筆
細見　博友	三田市立ゆりのき台小学校	………………………	第Ⅲ章執筆
峯山　淳	三田市立三田小学校	…………………………	第Ⅲ章執筆
山口　映	三田市立母子小学校	…………………………	第Ⅲ章執筆

「見方・考え方」を鍛える
小学校国語科の「思考スキル」

2018（平成30）年2月3日　初版第1刷発行

編著者：伊﨑　一夫
発行者：錦織　圭之介
発行所：株式会社東洋館出版社
　　〒113-0021　東京都文京区本駒込5丁目16番7号
　　営業部　電話 03-3823-9206　FAX 03-3823-9208
　　編集部　電話 03-3823-9207　FAX 03-3823-9209
　　振替　00180-7-96823
　　URL　http://www.toyokan.co.jp

印刷・製本：藤原印刷株式会社
装丁・本文デザイン：吉野　綾（藤原印刷株式会社）
制作協力：株式会社あいげん社
イラスト：和久田　容代

ISBN978-4-491-03443-0
Printed in Japan